Der Heilige Krieg

UM DIE STADT MENSCHENSEELE

DER GEISTLICHE KAMPF

JOHN BUNYAN

1. Auflage 2024
Gekürzte Fassung neu bearbeitet

Originaltitel: *The Holy War*
von John Bunyan aus dem Jahr 1682

Eckenhagener Str. 43
51580 Reichshof-Mittelagger
www.voh-shop.de

Übersetzung: Hermann Grabe, Voice of Hope
Lektorat und Design: Voice of Hope

Bestell-Nr.: 875.6617
ISBN 978-39-89676-17-6

ISBN 978-3-89967-212-3 – eBook

Soweit nicht anders vermerkt, wurden die Bibelzitate
der Schlachter-Bibel 2000 entnommen.

Diesen Krieg führt
JESUS CHRISTUS, der ewige
und allmächtige König,
gegen den Teufel,
den Fürsten der Finsternis,
um die menschliche Seele.

1

Die schönste Stadt der ganzen Welt

Auf meinen Reisen durch die weite Welt sah ich eine besonders schöne Stadt. Sie war sehr kunstvoll und dabei weiträumig aufgebaut. Anfangs hatte sie auch so vorteilhafte Stadtrechte, dass es ihresgleichen nirgends unter dem Himmel gab.

Der Erbauer dieser Stadt war der König *El-Schaddai*[1]. Er hatte sie zu Seiner Ehre erbaut und nannte sie *Menschenseele*. Sie war das Großartigste, was *El-Schaddai* gemacht hatte[2], und die Engel jubelten, als sie erbaut wurde. Der König verlieh der Stadt das Recht, über die ganze Umgebung zu herrschen.

In der Mitte der Stadt wurde ein prächtiger Palast (das Herz) errichtet, den *El-Schaddai* zu Seinem alleinigen Wohnsitz bestimmte. Er legte eine Besatzung in die Stadt. Doch die Einwohner sollten selbst den Ort bewachen (Mt. 22,37). Die Stadtmauer (der anfangs unsterbliche Leib) war außergewöhnlich stark. Niemand konnte *Menschenseele* einnehmen, außer wenn die Bewohner selbst einem feindlichen Einmarsch zustimmen würden (1.Mo. 2,16-17).

---

1 El-Schaddai = Gott, der Allmächtige (1.Mo. 17,1).

2 Siehe 1. Mose 1,26-27.31 und 1. Mose 2,7.

Es gab fünf Tore (die fünf Sinne), durch die man in die Stadt eingehen oder sie verlassen konnte. Diese Tore waren genauso uneinnehmbar wie die Mauern – es sei denn, die Bewohner würden sie selbst öffnen. Die Tore hießen: *Ohrtor, Augentor, Mundtor, Nasentor* und *Gefühlstor.*[3]

In der Stadt galt das beste und heilsamste Gesetz der ganzen Welt. Es wohnten hier weder Räuber noch Verräter; die Einwohner waren aufrichtige Menschen, die sich sehr nahestanden; und solange sie *El-Schaddai,* dem König, die Treue hielten, genossen sie Seine Gunst und Bewahrung, und Er hatte Seine Freude an ihnen.

---

3 Dadurch können alle Wahrnehmungen von außen empfangen und alle Reaktionen aus dem Inneren geäußert werden.

Inhalt

Vorwort

Bunyans Darstellung vom »Heiligen Krieg« ist in der Tat ein außergewöhnliches Buch, das einen Reichtum an Brillanz, sorgfältigem Studium und geistlicher Einsicht offenbart, der sogar seinen weit verbreiteten Bestseller »Die Pilgerreise« übertrifft.

Das Buch »Der Heilige Krieg« erschien erstmals 1682 und wurde – wie die erste Ausgabe der »Pilgerreise« – in hochwertiger Qualität gedruckt, die alle späteren Ausgaben bis in die heutige Zeit übertrifft. Seit seinem Erscheinen wurde dieses Buch immer wieder neu aufgelegt, so dass es unmöglich ist, die Anzahl der Auflagen zu ermitteln. Im Laufe der Jahrhunderte ist dieses Buch von John Bunyan, in dem er allegorisch den »Heiligen Krieg um die Stadt Menschenseele« darstellt, immer populärer geworden; denn solange der innere Konflikt und der geistliche Kampf zwischen der erretteten Seele und ihren Feinden andauert, wird dieses Buch wohl immer gelesen werden.

Obwohl »Der Heilige Krieg« eine so außergewöhnliche Allegorie ist, wurde er nicht in so viele Sprachen übersetzt und nicht so oft gelesen wie »Die Pilgerreise«. Das liegt natürlich daran, dass »Die Pilgerreise« eine einfachere Erzählung ist. Sie stellt eine Reise voller eindrucksvoller Landschaften und Ereignisse dar, die von vielen Menschen mit großem Interesse gelesen wird, von Kindern bis hin zu den größten Gelehrten. Aber »Der Heilige Krieg« scheint keine so durchsichtige Allegorie zu sein. Die Seele des Menschen wird als eine Stadt dargestellt, die, nachdem sie sich dem heimtückischen und tödlichen Feind ergeben hat, von ihrem rechtmäßigen Herrscher mit allem »Aufwand« eines Krieges belagert wird. Der Erzfeind wird schließlich vertrieben, die Stadt zurückerobert, neu gestaltet und von *Immanuel* bewacht.

Für den Christen, dessen Ziel der Friede ist, stellt ein Krieg einen höchst abstoßenden Anblick dar. Ein Christ sieht nicht gern blutbefleckte Kleider, er hört nicht gern das Stöhnen der sterbenden Verwundeten und die herzzerreißenden Schreie der Hinterbliebenen, besonders der Witwen und Waisen. Plündern und Rauben sind nicht die Leidenschaften eines Gotteskindes, noch dient Grausamkeit in irgendwelcher Hinsicht seinem Glück oder Frieden. Von solchen

Szenen zu lesen, ruft schmerzlich aufregende Empfindungen hervor; aber selbst diese sind nicht so stark und intensiv wie die freudigen Gefühle, die das Gemüt durchdringen, wenn man den armen Pilger beobachtet, wie er sich durch den *Sumpf der Verzweiflung* gekämpft hat, wie er die Flammen des *Berges Sinai* erschrocken hinter sich lässt, wie er die Pfeile aus *Beelzebuls* Schloss unbeschadet übersteht und wie er an der *engen Pforte* Zuflucht findet.

Es ist wahr, dass der sensibelste Christ ein mutiger geistlicher Kämpfer werden muss – das empfindlichste Ohr muss durch den Klang der Trommel des *Diabolus* alarmiert werden und manchmal das vom Heiligen Geist gewirkte innere Seufzen empfinden, das sich nicht in Worte fassen lässt (Röm. 8,26). Der Gläubige muss durch die *»Feuerprobe« (1.Pt. 4,12)* gehen und *»Widrigkeiten [erdulden] als ein guter Streiter Jesu Christi« (2.Tim. 2,3),* während er in anderen Momenten seiner Erfahrung im Siegesjubel ausrufen wird: *»Wer will uns scheiden von der Liebe des Christus?!« (Röm. 8,35).*

Als Christen sind wir aufgerufen, den guten Kampf des Glaubens zu kämpfen. Wir müssen uns zu diesem »Heiligen Krieg« unbedingt verpflichten. Es gibt im Christenleben keine neutrale Position und keine Entschuldigung am Tag des Gerichts. Der

Nachfolger Christi findet sich demnach im Vertrauen auf den *»Urheber [seines] Heils« (Hebr. 2,10)* ausgestattet mit der ganzen *»Waffenrüstung Gottes,* mit der seine Seele durch den Heiligen Geist bekleidet ist – mit dem *»Schild des Glaubens«,* dem Helm, dem Brustpanzer, dem zweischneidigen Schwert, usw. (Eph. 6,11-17).

Diese geistliche Waffenrüstung hat vielen Christen die Kraft verliehen, über ihre Leiden, Verfolgungen, Versuchungen und Niederlagen zu triumphieren. Ihre geistliche Rüstung hat sie dazu befähigt, Gott auch in den schwersten Stunden in Geduld zu preisen, weil sie sich geweigert haben, dem Bösen nachzugeben. Es ist dieselbe geistliche Waffenrüstung, die wir brauchen, derselbe Feldherr, der uns führt, derselbe Geist, der uns heiligt, derselbe Vater, der uns segnet, durch den allein wir *»mehr als Überwinder« (Röm. 8,37; ELB)* über unsere ständig lauernden und mächtigen Feinde werden können.

»Der Heilige Krieg« wird uns in diesem Buch von einem alten, erfahrenen und treuen Kämpfer vor Augen geführt; dies ist eine allegorische Erzählung, geschrieben von meisterhafter Hand. Sie stellt seinen eigenen harten Kampf gegen den mächtigen Feind dar, unterstützt von dessen Armee des Stolzes, der Eitelkeit, der Begierden und der Versuchungen, von deren Kämpfern viele in unserem Innern lauern, sogar als Engel des Lichts verkleidet, während sie unter ihrer Maskerade wahre Teufel sind.

Dieses Buch wurde von jemandem geschrieben, der eine blühende Vorstellungskraft besaß. Es ist tiefsinniger – von mehr geistlicher Tiefe – als »Die Pilgerreise«, die Reise von der Stadt *Verderben* zur himmlischen Stadt; und um seine verborgene Bedeutung zu verstehen, bedarf es der sorgfältigen und ausgereiften Anwendungskraft des erneuerten Geistes. Leider gibt es verhältnismäßig wenige Christen, die eine solch tiefe geistliche Einsicht besitzen, und selbst unter diesen gibt es nur wenige, die zu solch gründlichem Studium bereit sind. Das sind wohl die Gründe dafür, dass dieses Buch nicht so populär geworden ist wie »Die Pilgerreise«.

Um dem Leser zu helfen, sind einige Anmerkungen beigefügt, welche die Begriffe erklären und die Bedeutung dieser Allegorie verständlich machen. Wir hoffen aufrichtig, dass viele durch das Studium dieses wichtigen Themas Trost, Ermahnung, Ermutigung und Stärkung für ihren geistlichen Kampf finden werden.

Der Herausgeber

2

Ein gemeiner, niederträchtiger Feind

Eines Tages wagte ein gewaltiger Riese namens *Diabolus*[1] einen Überfall auf die berühmte Stadt *Menschenseele*. Er war der König der gefallenen Engel.

Ja, er war mächtig, aber doch bettelarm.

Ursprünglich war er ein Diener von *El-Schaddai* gewesen. Bei Ihm hatte er eine sehr vornehme Stellung innegehabt. Er war als der »Glanzstern« und »Sohn der Morgenröte« (Jes. 14,12) hoch erhaben gewesen. Aber als er dermaßen hoch in Ehren stand, verlangte er nach einem noch weit höheren Rang und Stand.

Er begehrte, Alleinherrscher unter *El-Schaddai* zu werden; aber dieses Amt hatte der König bereits für Seinen Sohn[2] bestimmt und Ihm auch zugesagt.

Diabolus überlegte sich alles erst selbst, bevor er seine Gedanken einigen aus seinem Gefolge bekannt machte. Gemeinsam fassten sie dann den Beschluss, den Versuch zu wagen, den Sohn des Königs umzubringen (Mt. 21,38).

1 Diabolus ist die griechische Bezeichnung für »Teufel« und bedeutet: Verleumder, Verkläger; das ist ein anderer Name für den »Satan« – was bedeutet: Widersacher, Gegner, Verkläger.

2 Der Sohn Gottes.

Kurz gesagt: Der Plan des Hochverrats wurde geschmiedet und eine bestimmte Zeit abgesprochen …

Jedoch wussten der König und Sein Sohn alles, was in Ihrem Reich geschah. Er war daher auch sehr erzürnt, als Er die Verschwörung entdeckte, besonders deshalb, weil Er Seinen Sohn sehr lieb hatte.

Er erstickte den Aufstand im Keim und verstieß die Rebellen aus ihrer Stellung und Würde. Sie wurden vom Hof verbannt und in grausige Gruben geworfen (Off. 12,7-9). Sie sollten auf ewig unter dem Gericht und Fluch bleiben und niemals wieder die Gunst des Königs zurückerlangen (Jud. 6; 2.Pt. 2,4). Das aber erregte ihre Wut und Feindschaft gegen *El-Schaddai* und Seinen Sohn noch mehr.

Sobald sie Gelegenheit dazu bekämen, wollten sie sich rächen.

Sie entdeckten in der Welt den Weg zu der Stadt *Menschenseele.* Sie wussten ja, dass sie *El-Schaddai* gehörte und dass Er sie sich zur Ehre erbaut hatte.

Darum beschlossen sie, diese Stadt zu überfallen.

3

Der schlaue Plan

D*iabolus* besprach nun mit seinen Anhängern seine Pläne zur Verführung des unschuldigen Menschen:

ERSTER VORSCHLAG:

»Sollen wir alle zusammen nach *Menschenseele* ziehen?« Dieser Vorschlag wurde sofort wieder verworfen, denn wenn sie alle vor der Stadt auftauchten, würden sich die Bürger nur erschrecken.

Diabolus fügte hinzu: »Niemand kann hineingelangen, wenn er nicht eingelassen wird. Es sollten darum nur wenige gehen, meiner Meinung nach nur einer allein. Lasst am besten mich mal gehen!«

ZWEITER VORSCHLAG:

»Müssen wir vor der Stadt in unseren kläglichen Bettlerlumpen erscheinen?«

»Keinesfalls!«, war die Meinung aller seiner Mitgenossen. Die Bewohner von *Menschenseele* hatten ja noch nie jemanden in solch traurigem und armseligem Zustand gesehen.

Beelzebul[1] meinte dazu, es sei das Beste, in einer Verkleidung vor *Menschenseele* zu erscheinen (2.Kor. 11,14). Aber was wäre denn die beste Verkleidung für *Diabolus*? *Luzifer*[2] schlug vor, man solle die Gestalt eines normalen Geschöpfes annehmen, dessen Anblick man dort gewohnt war und über das man sowieso in *Menschenseele* Herrschaft ausübte. Dann würden die Menschen sicher nicht vermuten, hiermit würde der Versuch gewagt, ihre Stadt zu erobern. So sollte *Diabolus* in der Gestalt eines Geschöpfes erscheinen, das klüger ist als alle anderen (1.Mo. 3,1; Mt. 10,16).

Alles jubelte bei diesem diabolischen Vorschlag, er würde als eine Schlange auftreten, die den Leuten in *Menschenseele* so vertraut war, wie heutzutage ein Vogel für ein Kind.

DRITTER VORSCHLAG:

»Muss man die Absicht des Eindringens in *Menschenseele* zu erkennen geben oder nicht?«

---

1 Beelzebul bedeutet: Herr der Fliegen; in neutestamentlicher Zeit eine Bezeichnung für Satan, den Obersten der Dämonen (Mt. 12,24).

2 Luzifer bedeutet: »Lichtträger«, oder Engel des Lichts (vgl. 2.Kor. 11,14).

»Bloß nicht!«, erwiderte man, »denn die Bewohner von *Menschenseele* sind stark, und die Stadt ist uneinnehmbar wegen der festen Mauern und Tore. Außerdem kann man nicht ohne Zustimmung der Bewohner von *Menschenseele* hineingelangen.«

»Überdies werden sie, sobald sie unsere Absicht erkennen, ihren König zu Hilfe rufen«, sagte *Legion*[3].

Darum beschloss man, den Überfall mit jedem Anschein von Ehrbarkeit zu beginnen. Ihre wahren Absichten wollten sie hinter vielerlei Lügen, Schmeicheleien und verführerischen Worten verstecken.

Sie wollten Dinge verheißen, die niemals eintreten würden, und Versprechen abgeben, die sich nie erfüllten.

So musste *Menschenseele* zu überwinden sein!

Die Bewohner von *Menschenseele* wussten ja nicht einmal, was Lügen und Betrug sind. Und die Teufel wollten stets nur vorgeben, den Vorteil und die Ehre der Leute zu suchen (2.Kor. 11,3).

3 Legion: ein Dämon, der sich mit diesem Namen bezeichnete und dazu erklärte: »... denn wir sind viele« (Mk. 5,9).

VIERTER VORSCHLAG:

»Sollten vielleicht einige den Auftrag bekommen, einen oder auch mehrere der Vornehmsten in der Stadt zu erschießen?«

Das fand man gut.

Hauptmann *Widerstand*[4] musste sicher ausgeschaltet werden; denn *Diabolus* und seine Bande fürchteten diesen Mann mehr als alle anderen in *Menschenseele*. Der dämonische Rache-Geist sollte das erledigen.

Die Teufel machten sich nun auf nach *Menschenseele*. Alle waren unsichtbar (Eph. 6,12) – bis auf einen, der in Gestalt einer Schlange daherkam. Sie stellten sich vor dem *Ohrtor* auf. Mit dem Abstand eines Bogenschusses wurde für Hauptmann *Widerstand* ein Hinterhalt gelegt. *Diabolus* näherte sich dem *Ohrtor*, nur der Redner *Einrauner*[5] war bei ihm. *Diabolus* blies seine Trompete, um eine Audienz

4 Hauptmann Widerstand: der erste innere Widerstand in der Menschenseele gegen die Sünde.

5 Der Redner Einrauner, der hier der Menschenseele Lügen einredet.

zu erbitten. Die Vornehmsten der Stadt[6] kamen an die Mauer, nämlich Herr *Unschuld,* Herr *Wille* als der Oberbürgermeister, Herr *Verstand* als der Bürgermeister, Herr *Gewissen* als der Stadtschreiber, und Hauptmann *Widerstand.* Herr *Wille* fragte nun, worum es ginge.

Diabolus begann zu reden, sanft wie ein Lamm, um seine Lügen vorzubringen (Joh. 8,44; Off. 12,9):

»Meine Herren, ich wohne nicht weit von euch entfernt, und im Namen des Königs bringe ich euch meine Ehrerbietung und wünsche euch alles, was für euch gut ist. Hört mich geduldig an! Ich suche nicht meinen Vorteil – das versichere ich euch! –, sondern nur, was euch zum Vorteil gereicht. Ich bin gekommen, um euch zu zeigen, wie ihr von den Fesseln befreit werden könnt, in denen ihr gefangen seid, ohne es zu wissen.«

---

6 Hier werden die höchsten Eigenschaften und Gaben der menschlichen Seele benannt.

Der Wille des Menschen, wie Gott ihn anfangs geschaffen hatte, war frei und gut.

Mit dem Gewissen beurteilen wir, ob etwas gut oder böse ist; darum wird hier der Stadtschreiber so genannt.

In diesem Augenblick spitzten die Bewohner von *Menschenseele* die Ohren.

»Ich muss euch etwas über euren König sagen«, fuhr *Diabolus* fort. »Er ist groß und mächtig; aber nicht alles, was Er euch gesagt hat, ist wahr und zu eurem Vorteil. Er hat euch gedroht, ihr würdet sterben, wenn ihr von der Frucht nehmt, die Er euch verboten hat; aber das ist nicht wahr. Warum sollte man immer in großer Angst vor Strafe leben, wenn man so etwas Unbedeutendes tun will, wie das Essen oder gar Anrühren einer kleinen Frucht? Seine Gesetze sind ungerecht, unvernünftig und unerträglich. Und die Strafe steht in keinem Verhältnis zu der Übertretung.

Wie verwirrend ist es doch, wenn der König zuerst sagt, ihr könntet von allem essen, und danach verbietet Er euch, von der Frucht dieses einen Baumes zu nehmen. Aber gerade wenn ihr von diesen Früchten esst, bekommt ihr ein Gut, das ihr noch gar nicht kennt. Der Name des Baumes ist ja: *Baum der Erkenntnis des Guten und des Bösen* (1.Mo. 2,9.16-17)! Warum solltet ihr denn in Unwissenheit gehalten werden? Warum solltet ihr nicht zunehmen an Weisheit und Verstand? Gerade durch das, was euch nun verboten ist, würden eure Augen geöffnet, und ihr würdet sein wie Gott (1.Mo. 3,5)!«

Im selben Augenblick, als *Diabolus* zu reden aufgehört hatte, schoss der Rache-Geist auf Hauptmann *Widerstand,* der auf der Mauer stand, und traf ihn tödlich am Kopf. Er stürzte tot nieder und fiel von der Mauer herunter. Weil nun der einzige wahre Krieger in *Menschenseele* tot war, entfiel dieser armen Stadt völlig der Mut, noch länger Widerstand zu leisten (1.Pt. 5,8-9).

Sofort trat *Einrauner* nach vorn: »Meine Herren«, sagte er, »welch ein Glück, dass mein Meister heute bei euch auf so andächtig lauschende Hörer gestoßen ist (2.Kor. 11,19-20). Hoffentlich können wir euch nun alle überzeugen, unseren guten Rat nicht in den Wind zu schlagen! Der Name des Baumes spricht doch für sich selbst! Überdenkt die Worte des *Diabolus* und seht euch nur einmal die verlockend schönen Früchte des Baumes an!«

Als nun die Leute von *Menschenseele* sahen, »dass von dem Baum gut zu essen wäre, und dass er eine Lust für die Augen« war (1.Mo. 3,6), ja dass man Verlangen nach ihm haben musste, weil er weise machte, taten alle, was *Einrauner* ihnen riet: Sie nahmen und aßen davon.

Ich muss nun noch hinzufügen, dass während der Rede von *Einrauner* Herr *Unschuld* an dem Platz, wo er gerade stand, plötzlich tot umfiel – wahrscheinlich durch den vergiftenden Atem des verräterischen Schurken.

Hauptmann *Widerstand* und Herr *Unschuld,* die Schönheit und Herrlichkeit von *Menschenseele,* waren nun beide gestorben. Es blieb kein edler Geist mehr in der Stadt übrig. Und was war mit den übrigen Bewohnern? Sie folgten dem Rat von *Einrauner*: Alle aßen von der verbotenen Frucht. Dadurch wurden sie völlig verwirrt. Sie öffneten das *Ohrtor* und das *Augentor* und ließen *Diabolus* samt seiner Bande in die Stadt einziehen.

Sie vergaßen ihren guten König *El-Schaddai,* Sein Gesetz und auch Sein Gerichtsurteil, das Er für den Fall einer Übertretung ausgesprochen hatte.

4

Menschenseele, die Festung des Diabolus

Nach seinem Einzug marschierte *Diabolus* in die Mitte der Stadt. Die Einwohner erwiesen ihm warmes Entgegenkommen.

Um sie völlig seiner Herrschaft zu unterwerfen, hielt er nun seine zweite trügerische Rede und sagte ihnen, dass *El-Schaddai* sie jetzt nicht mehr beschützen werde: »Und ihr könnt ganz sicher sein, dass Er kommen wird, wenn Er hört, was hier passiert ist!«

Da riefen die Einwohner wie aus einem Mund: »*Diabolus*, sei du nun unser König!«

Daraufhin nahm er den Palast ein und beherrschte somit die gesamte Stadt (1.Joh. 3,8; Mt. 15,19).

Dieser Palast, den *El-Schaddai* zu Seinem alleinigen Wohnsitz errichtet hatte, wurde nun zu einer Höhle des Riesen *Diabolus*. Er machte die Stadt zu seiner eigenen Festung und traf allerlei Vorkehrungen gegen den König *El-Schaddai*. Und weil er sich noch nicht sicher genug fühlte, begann er, die ganze Stadt nach seinen Vorstellungen einzurichten:

1.

Der Bürgermeister, Herr *Verstand,* war ein Mann mit Weitsicht. Den konnte er nicht gebrauchen. So setzte er ihn ab und baute einen hohen Turm vor die Fenster seiner Wohnung, damit die Strahlen der Sonne nicht hineinleuchten könnten (Eph. 4,18-19; Jes. 59,10). Herr *Verstand* bekam fortan Hausarrest und durfte nicht ans Tageslicht kommen.

2.

Herr *Gewissen,* der als Rechtsberater in den Gesetzen des Königs zu Hause war, dachte ab und zu voller Trauer zurück an die guten Gesetze von *El-Schaddai* und erhob dann laut seine Stimme gegen *Diabolus.*

Ja, wenn er einen solchen »Anfall« bekam, zitterte die ganze Stadt vor seiner lauten Stimme (Hi. 33,15-20). Darum fürchtete *Diabolus* ihn mehr als sonst irgendeinen in der Stadt. Den konnte er also auch nicht gebrauchen; so entließ er ihn aus seinem Amt.

Als er wieder einmal seine Stimme zu erheben versuchte, schleppte *Diabolus* ihn fort in allerlei Sünden und Bosheiten. Am Ende verdarb er ihn dermaßen, dass er zu jeder Sünde fähig wurde (Eph. 2,2-3). Außerdem überzeugte *Diabolus* die Einwohner der Stadt, dass der alte Rechtsberater verrückt geworden sei. Das könne man ja an seinen »Anfällen« deutlich sehen. Zusätzlich ließ er den alten Herrn, wenn er in heiterer Laune war, allem widersprechen und alles mit großem Nachdruck leugnen, was er bei solchen »Anfällen« gerufen hatte.

Allerdings, wie sehr sich *Diabolus* auch bemühte, die Einwohner der Stadt zu beruhigen, nachdem Herr *Gewissen* wieder einmal warnende Rufe ausgestoßen hatte, und wie sehr sich die Bewohner auch wünschten, diesen Störenfried loszuwerden – Herr *Gewissen* blieb da. Das wird wohl nur durch die Macht und Weisheit von *El-Schaddai* möglich gewesen sein!

3.

Herr *Wille*, ein Mann von einer Fülle an Macht, war auch einer der Edelleute dieser Stadt. Er war beschlussfreudig und mutig. Aber aus Hochmut achtete er es für unter seiner Würde, ein Diener der Stadt *Menschenseele* zu werden. Darum beschloss er, bei *Diabolus* in den Dienst zu treten. Er war auch der Erste gewesen, der die Worte und den Rat des Feindes als sehr heilsam empfahl. Darum empfand *Diabolus* auch besondere Sympathie für Herrn *Wille*. Er besorgte ihm eine Stelle in seiner Regierung und machte ihn zum Kommandanten des Schlosses, zum Hauptmann über die Mauern und zum Wächter über die Tore von *Menschenseele*. Alle sollten seinem Befehl gehorchen (1.Mo. 4,7).

Er gab ihm außerdem Herrn *Gemüt* als Sekretär, der grundsätzlich mit seinem Herrn einer Meinung war. Und was tat dieser Herr *Wille* sonst noch in der Stadt *Menschenseele*?

Er zeigte durch viele Schmähungen über Herrn *Gewissen*, dass er ihn bis auf den Tod hasste. Er schloss meistens seine Augen, wenn er ihn sah, und hielt sich die Ohren zu, wenn er ihn sprechen hörte. Er konnte es ebenfalls nicht ertragen, wenn er an seinen früheren Landesherrn erinnert wurde oder auch nur das kleinste Stückchen der Gesetze von *El-Schaddai* in der Stadt zu erkennen war. Als er einige zerrissene Pergamente mit den Gesetzen des guten *El-Schaddai* im Haus seines Sekretärs Herrn *Gemüt* fand (2.Kö. 22,8), warf er sie einfach fort (Neh. 9,26).

Er meinte sogar, dass durch die Fenster im Haus des alten Bürgermeisters Herrn *Verstand* immer noch zu viel Licht hereinleuchte; zukünftig wollte er dort nicht einmal mehr das Licht einer Kerze sehen (Eph. 4,18).

Herr *Wille* hatte auch einen Bediensteten unter sich, nämlich Herrn *Leidenschaft.* Dieser hatte genauso verdorbene Grundsätze wie sein Herr. Er war ein Sklave seiner sündigen Natur; darum nannte man ihn auch *Böse Lust* (Röm. 6,20-21; Eph. 2,3).

Herr *Leidenschaft* war mit *Fleischeslust* verheiratet, der Tochter von Herrn *Gemüt.* Ihre Kinder waren also auch von gleicher Art und hießen *Unverschämtheit, Böses Mundwerk, Zuchthasser, Wahrheitsverspottung, Gottesverachtung* und *Rachsucht*[1].

4.

Nun machte sich *Diabolus* auch noch daran, der Stadt ihren früheren Schmuck zu rauben. Er ließ den Herrn *Unwahrheit* das Ebenbild des hochgelob-

1 Mit den Kindern von Leidenschaft und Fleischeslust sind die Sünden gemeint, die der bösen Lust entspringen.

ten Königs *El-Schaddai* zerstören (den Menschen, nach Gottes Ebenbild geschaffen; 1.Mo. 1,26) und an seiner Stelle das abscheuliche und erschreckende Bild des *Diabolus* aufrichten (Dan. 3,1). Des Weiteren ließ er alle Gesetzbücher von *El-Schaddai* verbrennen. Damit verfielen auch alle feinen Sitten und das allgemeine würdige Benehmen. Nichts Gutes wurde in der Stadt übrig gelassen (Röm. 7,18; Gal. 5,19-21; 2.Pt. 2,22).

Um *Menschenseele* von *El-Schaddai* zu entfremden, fertigte er unsinnige Befehle, Statuten und Gebote aus, die allesamt den Lüsten des Fleisches freien Lauf ließen (1.Joh. 2,16; 1.Pt. 4,3; 2.Pt. 2,12-15).

Zum neuen Bürgermeister von *Menschenseele* setzte er Herrn *Lüstling* (später übertrug er Herrn *Unglaube* dieses Amt). Dieser Mensch folgte – gleich einem Tier – nur seinen natürlichen Trieben (Röm. 7,5). Der neue Rechtsberater an der Stelle von Herrn *Gewissen* war Herr *Vergiss-das-Gute* (Ps. 103,2). Dadurch wurde das ganze Land verdorben (1.Kor. 5,6).

Danach baute *Diabolus* noch einige Bollwerke in die Stadt, die uneinnehmbar zu sein schienen: die Burg *Trotzfestung*, um die Kenntnis von dem früheren König in der Stadt auszumerzen (Jer. 17,9); die Burg *Mitternachtsfestung* des Kommandanten

Lichthasser, um *Menschenseele* von wahrer Selbsterkenntnis abzuhalten (1.Joh. 1,7-8), und die Burg *Sündenlust,* um *Menschenseele* gegen alle Sehnsucht nach dem Guten zu verhärten (Kol. 3,5-6). Jetzt meinte *Diabolus* sicher zu sein.

5

Der geheime Ratschluss

Alle Berichte über diese schrecklichen Ereignisse wurden vor den König gebracht: Die Ankunft des *Diabolus* in der Stadt *Menschenseele,* sein listiges, schlaues, verlogenes und betrügerisches Handeln, wie die Bürger von *Menschenseele* das Haupttor der Stadt öffneten, wie Herr *Wille* und Herr *Gemüt* nun überall in der Stadt die Einwohner auffordern, ihrem Eigenwillen zu leben und allerlei Bosheiten auszuüben, usw.

Das verursachte bei allen Anwesenden am Hof des Königs tiefsten Kummer, unnennbaren Schmerz, Mitleid und Trauer des Geistes (Jes. 33,7; 1.Mo. 6,5-6; Jer. 31,20). Obwohl der König und Sein Sohn dies längst vorhergesehen und ausreichende Maßnahmen getroffen hatten, um *Menschenseele* zu befreien (Eph. 1,4-5; Apg. 4,28), hatten sie das nicht allen mitgeteilt (Röm. 16,25-26).

Der König und Sein Sohn *Immanuel* (Jes. 7,14) hatten schon längst in Ihrem Geheimkabinett beratschlagt, *Menschenseele* wieder zu befreien, und zwar auf eine Weise, durch die der König und Sein Sohn auf ewig Ehre und Herrlichkeit erlangen würden. *Immanuel* hatte mit Seinem Vater eine Übereinkunft getroffen, indem Er Ihm versprach, Sein Knecht zu werden, um Ihm Seine *Menschenseele* wiederzugewinnen und wiederherzustellen, und Er blieb auch bei Seinem Entschluss.

Zu einer bestimmten Zeit sollte Er in die Welt kommen, durch Recht und Gerechtigkeit die Torheiten von *Menschenseele* wiedergutmachen und den Grund legen zu ihrer vollkommenen Errettung vom Feind (Hos. 13,14). Er sollte dabei auch zu gelegener Zeit *Diabolus* den Krieg erklären, ihn aus seiner Festung treiben und diese für sich Selbst zur Wohnung einnehmen (Gal. 4,4-5; Hebr. 2,14-15).

Außerdem wurde dem *Höchsten Berater*[1] der Auftrag erteilt, diese Beschlüsse in ein Buch zu schreiben (2.Pt. 1,21).

Dann wurde der Inhalt in kurzer Zeit auch überall bekannt gemacht (Mt. 28,19-20):

> »Alle Menschen, welche es betrifft, sollen erfahren, dass der Sohn *El-Schaddais,* des großen Königs, sich in einer geheimen Beratung mit Seinem Vater, in einem wunderbaren Ratschluss,

1 Der Heilige Geist.

verpflichtet hat, *Menschenseele* durch die Macht Seiner unendlichen Liebe zu Seinem Vater zurückzubringen und die Stadt in einen viel glücklicheren Zustand zu versetzen, als sie ihn jemals besaß, bevor *Diabolus* sie erobert hatte.«

Die Engel verwunderten sich und jauchzten über diesen herrlichen Plan, diese liebreiche Absprache zwischen dem König und Seinem Sohn, und dass auch sie an der Ausführung dieses Plans beteiligt seien (Hebr. 1,14; Mt. 1,20-21; Lk. 2,9-14). Überall in der Welt hörte man davon, und so kam die Sache auch dem *Diabolus* zu Ohren. Er war dermaßen entsetzt, dass er folgende Maßregeln traf:

- Diese Frohe Botschaft muss – koste es, was es wolle! – den Einwohnern von *Menschenseele* vorenthalten werden!

- Herr *Wille* erhielt den Auftrag, alle Tore der Stadt zu bewachen, vor allem das *Ohr-* und das *Augentor.*

  Alle Gerüchte, die mit dieser Frohen Botschaft zu tun haben, sollten im Keim erstickt werden.

In der Stadt *Menschenseele* sollten beständig Spione herumlaufen, um solche Gerüchte zu unterdrücken und auszumerzen.

- *Diabolus* ließ die Bewohner der Stadt *Menschenseele* erneut schwören, dass sie sich mit ihm verbunden hätten und ihn nicht verlassen würden. Das war gleichsam ein Bund mit dem Tod und der Hölle (Jes. 28,15; 2.Tim. 2,26; 3,13).

- Außerdem sollte Herr *Unrat* atheistische Schmähschriften verfassen und überall öffentlich anschlagen[2]. Dadurch sollten die Bewohner von *Menschenseele* verführt werden, die schlimmsten Lüste und Begierden auszuleben, bis sie es für unmöglich halten würden, jemals wieder auf eine Begnadigung durch *El-Schaddai* hoffen zu dürfen. Denn je größere Sünder sie wären, umso weniger Hoffnung auf Seine Barmherzigkeit könnten sie haben (Off. 21,8; Röm. 5,20; Eph. 2,2; 2.Kor. 4,4).

---

2 Denkt auch an gotteslästerliche Internetseiten, sowie an unmoralische Bücher, Filme und zerstörerische Musik, wodurch die Seelen Tausender von Menschen noch mehr verdorben werden!

Die Bewohner der Stadt sollten vielmehr davon überzeugt werden, dass *El-Schaddai* mit einem Heer kommen werde, um die Stadt vollkommen zu vernichten und dem Erdboden gleichzumachen. Ihr früherer König wolle sie nur wieder unter Sein Joch bringen (Mt. 11,28-30).

♦ So rief *Diabolus* alle Einwohner der Stadt auf dem Marktplatz zusammen und sprach sie folgendermaßen an:

»Euer alter König *El-Schaddai* ist dabei, ein Heer aufzustellen, um euch alle umzubringen! Er will nichts als Blut sehen (Hes. 16,6)! Ich könnte zwar entkommen; aber ich will mit euch vereint bleiben. Denn was solltet ihr ohne mich machen?!«

Wie aus einem Mund schrien sie, sie wollten ihm die Treue halten.

So fuhr er fort: »Glaubt darum keine Silbe von dem, was *El-Schaddai* euch einreden wird!

Es gibt auch genug Waffen, um euch gegen Ihn zu verteidigen:

1. Der Helm der Hoffnung: Einerlei, welches Leben ihr auch führen mögt, es wird am Ende alles gut ausgehen (5.Mo. 29,18).

2. Der eiserne Brustpanzer, der euer eisenhartes Herz bewahrt, damit es gefühllos wie ein Stein bleibt (Hes. 2,4).

3. Das Schwert der Zunge, um schlecht über *El-Schaddai,* über Seinen Sohn, Seine Wege und Sein Volk zu reden (Ps. 57,5; 64,4; Jak. 3,6).

4. Der Schild des Unglaubens, mit dem die Wahrheit der göttlichen Worte in Zweifel gezogen werden kann (Mk. 6,5-6; Jer. 8,11; 1.Thess. 5,3). Verspricht *El-Schaddai* euch Leben (Hes. 33,11), dann glaubt es nicht!

5. Der stumme, gebetslose Geist, der es für unter seiner Würde hält, um Gnade zu bitten.

Wenn ihr standhaft bleibt, werde ich euch zu Königen, Fürsten und Obersten machen. Denn bald wird uns die ganze Welt zu Füßen liegen (Ps. 2,8)!«

Nach diesen Anweisungen ließ *Diabolus* die Wachen an den Toren verdoppeln.

6

El-Schaddai schickt Sein Heer zu der Stadt Menschenseele

E*l-Schaddai* hatte in Eile Vorbereitungen getroffen, um ein Heer nach *Menschenseele* zu schicken und die Stadt von der Tyrannei des *Diabolus* zu erlösen.

Er wählte vier Hauptleute aus, die jeweils mit zehntausend Mann zu der Stadt hin ausziehen sollten.

Der **erste** Hauptmann war *Boanerges*[1] (Mk. 3,17). Sein Fahnenträger hieß *Donner.* Das Wappen auf seiner schwarzen Fahne stellte drei brennende Donnerkeile dar.

Der **zweite** Hauptmann war *Überführung.* Sein Fahnenträger hieß *Buße.* Das Wappen auf seiner Fahne stellte das Buch des Gesetzes dar, aus dem eine Feuerflamme emporstieg (5.Mo. 32,22).

Der **dritte** Hauptmann war *Gericht.* Sein Fahnenträger hieß *Schrecken.* Sein Wappen war ein brennender Feuerofen (Mt. 13,40-42).

Der **vierte** Hauptmann war *Vollstrecker.* Sein Fahnenträger hieß *Gerechtigkeit,* und sein Wappen war ein unfruchtbarer Baum, dem schon die Axt an die Wurzel gelegt war (Mt. 3,10).

1 Boanerges: Erschütterung, Sohn des Donners.

Alle Hauptleute erhielten von dem großen König *El-Schaddai* einen Marschbefehl, der kurz zusammengefasst so lautete:

> »Zieht aus in Meinem Namen mit eurer Heeresmacht zu der verblendeten Stadt *Menschenseele*! Macht ihr zuerst ein Friedensangebot (Lk. 10,5) und befehlt ihr, dass sie sich Mir, ihrem rechtmäßigen König, wieder übergeben und das Joch und die Tyrannei des bösen *Diabolus* abwerfen soll. Tut niemandem in der Stadt *Menschenseele*, der sich Mir unterwirft, irgendein Leid an, sondern behandelt ihn wie einen Freund und Bruder (1.Thess. 2,7-11); denn jeder, der so steht, ist mir lieb und wert. Teilt ihnen mit, dass Ich zu einer bestimmten Zeit Selbst zu ihnen kommen werde, um sie Meine Barmherzigkeit erfahren zu lassen (5.Mo. 4,31). Wenn die Stadt aber eurem Aufruf nicht folgt und sich gegen euch zur Wehr setzt, dann wendet all eure Macht und Erfahrung an, um sie zur Unterwerfung zu bringen (Mt. 11,21-24). Lebt wohl!«

Daraufhin zog der Heereszug los; voran ging *Boanerges,* danach *Überführung,* dann *Gericht,* und die Nachhut bildete *Vollstrecker*[2].

Sie hatten einen langen Weg vor sich; denn die Stadt *Menschenseele* lag weit entfernt vom Hof *El-Schaddais* (Eph. 2,13). Überall, wo sie vorbeikamen, brachten sie nur Segen (Ps. 129,8).

Als sie nach vielen Tagen endlich die Stadt erblickten, beweinten sie zunächst eine ganze Zeit lang aus tiefstem Schmerz ihres Herzens den erbärmlichen Zustand von *Menschenseele* (Jes. 33,7-8). Dann lagerte sich das Heer vor dem *Ohrtor* (Röm. 10,13-14.17).

Der ungewohnte Anblick eines so wohlgeordneten Heeres lockte die Bürger aus ihren Häusern, um es zu bestaunen.

Aber der listige Fuchs *Diabolus,* der fürchtete, dass die Bewohner schon bei der ersten Aufforderung dieser Hauptleute ihre Tore öffnen würden, kam eilig aus dem Schloss und trieb alle Einwohner sogleich in die Mitte der Stadt zurück.

»Freunde«, rief *Diabolus* dann, »jetzt muss ich euch wegen eures unvorsichtigen Benehmens

2 Wenn die freundlichen Einladungen in Menschenseele nichts ausrichten, werden Überführungen, Gerichtsandrohungen, Fluch und schließlich die ewige Strafe folgen.

tadeln, dass ihr auf die Mauern gestiegen seid, um dieses große und mächtige Heer anzugaffen. Ich habe euch doch schon längst im Voraus gesagt, dass sie kommen würden, um diese Stadt zu zerstören, und darum habe ich euch auch bereits alle gegen sie bewaffnet.

Darum hatte ich doch befohlen, die Wachen an den Toren zu verdoppeln! Außerdem habe ich mich bemüht, eure Herzen so hart wie einen unteren Mühlstein zu machen. Ihr seid doch keine Klatschweiber, die neugierig hinauslaufen, um ihre Todfeinde anzugaffen! Pfui, schämt euch! Macht euch lieber zur Verteidigung bereit und zeigt, dass in *Menschenseele* tapfere Männer wohnen! Von nun an soll niemand mehr seinen Kopf über die Mauer strecken, bevor er mich um Erlaubnis gebeten hat!«

Daraufhin veränderte sich die Haltung der Bewohner von *Menschenseele* völlig. Sie wurden von panischem Schrecken erfüllt und riefen einander zu: »›*Diese Leute, die die ganze Welt in Aufruhr versetzen, sind jetzt auch hier!*‹ *(Apg. 17,6).* Sie wollen unseren Frieden und unser Volk zerstören!«

Nachdem das Heer drei Tage vor der Stadt gelegen hatte, schickte *Boanerges* seinen Trompeter dicht vor das *Ohrtor,* um dort in seine Trompete zu stoßen und die Leute zum Hören aufzufordern (2.Tim. 4,1-2; Jes. 65,2).

Der Trompeter, der *Horch-auf* hieß, führte den Befehl aus, doch niemand erschien auf der Mauer. Zum zweiten Mal wurde er hingeschickt; aber das Tor blieb fest verschlossen, und niemand kam heraus (Mt. 13,14-15). Man gehorchte eben dem Befehl des *Diabolus*. Da traten die Hauptleute von *El-Schaddai* mit den übrigen Offizieren zusammen und hielten Kriegsrat. Sie beschlossen, durch den Trompeter noch einmal einen Aufruf an die Stadt ergehen zu lassen. Wenn sie ihm wieder kein Gehör schenken sollte, würde man sie mit allen zur Verfügung stehenden Mitteln dazu zwingen, sich ihrem rechtmäßigen König zu unterwerfen (Lk. 14,23-24).

Als der Trompeter noch ein weiteres Mal im Namen des großen Königs *El-Schaddai* vor dem *Ohrtor* laut geblasen und gerufen hatte, kam Herr *Wille*, der Bewacher der Tore, heraus. Mit trotzig groben, rauen Worten fragte er den Trompeter, wer er sei, woher er komme und weshalb er solch einen entsetzlichen Lärm mache und so unausstehliche Reden gegen die Stadt *Menschenseele* richte (Jes. 1,1-4).

Der Trompeter antwortete, er sei von *Boanerges* gesandt, dem Oberkommandanten des Heeres von

El-Schaddai, gegen den die Stadt *Menschenseele* rebelliert habe. Auch teilte er mit, dass sein Meister eine Botschaft an die Stadt habe. Falls diese in Frieden angenommen würde, so solle alles gut werden; ansonsten müsste man allerdings die Folgen auf sich nehmen (Jer. 21,8). Herr *Wille* wollte daraufhin erst mit seinem Fürsten sprechen (Joh. 8,44).

Doch der Trompeter machte ihn darauf aufmerksam, dass diese Botschaft nicht für den Riesen *Diabolus,* sondern für die unglückliche Stadt *Menschenseele* bestimmt sei.

Er warnte Herrn *Wille* auch, dass im Fall des Nicht-Anhörens der Botschaft die Stadt mit Gewalt zur Unterwerfung gebracht werde (Ps. 50,3).

Als der Trompeter ins Lager zurückgekehrt war, beschloss *Boanerges,* noch einige Zeit abzuwarten, um zu sehen, was die Aufrührer in *Menschenseele* tun würden (2.Pt. 3,9). Es blieb aber alles still. So zog das große Heer wieder vor die Stadt, und alle Trompeten erschallten als Zeichen für den nahenden Angriff (Eph. 5,14).

In der Stadt herrschte daraufhin zunächst große Aufregung; aber schnell beruhigte man sich wieder, blockierte das *Ohrtor* noch fester (Ps. 95,7-8) und bereitete sich auf den Krieg vor.

Boanerges forderte dann, dass der Bürgermeister vor das Tor kommen solle. Herr *Unglaube*, der unter *Diabolus* die Stelle von Herrn *Lüstling* eingenommen hatte, erschien auch bald auf der Mauer. »Das ist ja gar nicht der richtige Bürgermeister!«, rief *Boanerges*. »Wo ist Herr *Verstand*? An ihn ist meine Botschaft gerichtet (Eph. 5,17)!«

Da trat *Diabolus* selbst hervor und schalt ihn, dass er nun schon viermal einen Aufruf an die Stadt gemacht habe, und er hätte gern gewusst, in wessen Auftrag das geschehen sei.

Boanerges beachtete den Riesen gar nicht, sondern sprach weiter: »Du unglückliche, aufständische Stadt, du sollst dessen gewiss sein, dass der gnädigste König *El-Schaddai* mich mit einer Botschaft zu euch geschickt hat. Wenn ihr hört, werde ich euch als Freunde und Brüder behandeln; wenn aber nicht, werden wir euch mit Gewalt unterwerfen.«

Auch Hauptmann *Überführung* trat nun hervor und sagte:

»Ach, *Menschenseele*, einst warst du die Unschuld selbst; aber jetzt bist du dermaßen entartet, dass nur noch Lug und Trug bei dir zu finden ist

(Off. 2,5)! Ihr habt gehört, was *Boanerges* gesagt hat. Es wird euch gut gehen, wenn ihr das Haupt beugt und das Angebot des Friedens und der Barmherzigkeit annehmt. Die Einladung kommt von Dem, gegen den ihr euch aufgelehnt habt! Lasst euch deshalb durch Vernunft leiten, und lasst die Zeit der Gnade nicht verstreichen! Der große König lässt euch durch uns anflehen (2.Kor. 5,20). Er will euch in Seiner Liebe überführen. Er braucht euch nicht; aber Er ist so gnädig, dass Er *Menschenseele* nicht umkommen lassen will (Hes. 33,11)!«

Danach ergriff Hauptmann *Gericht* das Wort:

»Mein Meister, der König *El-Schaddai,* hat uns ausgesandt, euch zum Gehorsam Ihm gegenüber zurückzubringen. Bedenkt, dass die Gnadentür des Königs nicht ewig offen steht; denn der Tag, der brennen wird wie ein Ofen, ist von Ihm schon vorgesehen (Mal. 3,19; 2.Pt. 3,3-12; Mt. 25,10-13). Und er kommt plötzlich (1.Thess. 5,3; Hebr. 10,26-27)! Jetzt streckt der König euch noch das goldene Zepter entgegen (Est. 5,2). Wenn ihr euch aber weigert, so kommt Er im Feuer, und Seine Streitwagen sind wie der Sturmwind, um

Seinen grimmigen Zorn über euch auszugießen (Jes. 66,15-16)!«

Während Hauptmann *Gericht* das sagte, stellten einige fest, dass *Diabolus* zitterte (Joh. 16,11; Jak. 2,19). So rief der Hauptmann noch: »Besinnt euch rechtzeitig! Besinnt euch!«

Schließlich redete auch noch der vierte Hauptmann mit Namen *Vollstrecker*:

»Ach, du Stadt *Menschenseele*, die einst so berühmt war, jetzt aber zu einem unfruchtbaren Baum geworden ist; seht doch, die Axt ist bereits an deine Wurzel gelegt! *›Jeder Baum, der keine gute Frucht bringt, wird abgehauen‹ (Mt. 7,19)!* Ihr habt gegen *El-Schaddai* rebelliert, und wir als Seine Bevollmächtigten sind die Axt, die an deine Wurzel gelegt ist. Vorerst liegt sie durch unsre Drohung nur *an* deiner Wurzel; die Vollstreckung des Gerichts aber bringt die Axt *in* deine Wurzel *hinein*! Bevor es soweit kommt, werdet ihr zur Buße und Bekehrung aufgerufen. Bedenkt, dass Seine Geduld nicht endlos ist! Ihr habt schon so lange das Land unbrauchbar gemacht; wie lange wollt ihr damit fortfahren (Lk. 13,7-9)?«

Der Klang dieser vier Ansprachen erschallte also vor dem *Ohrtor*; aber deren Kraft reichte nicht, um es zu öffnen (Hebr. 4,2).

Auf die Forderung der Stadt hin um Bedenkzeit, die ihr die Hauptleute gewährten, drangen diese aber darauf, einen ihrer Bürger, nämlich Herrn *Fleisches-Sicherheit,* über die Mauer zu werfen. Denn solange dieser Bösewicht in der Stadt verbliebe, würden alle guten Vorsätze vereitelt werden.

Diabolus aber befahl dem neuen Bürgermeister *Unglaube,* diese Aufforderung der Hauptleute folgendermaßen zu beantworten:

> »Ihr seid wohl gegen diese Stadt heraufgezogen; aber wir wissen nicht, mit welchem Recht euer König euch solches befohlen hat; und was für Leute ihr seid, kümmert uns nicht, und eure Drohungen wollen wir nicht glauben. Wir werden eure Botschaft nicht beachten und auch den König nicht, der euch geschickt hat. Wir fürchten weder Seine Größe noch Seinen Zorn, und auf eure Aufrufe hören wir nicht. Vor euch haben wir keine Angst, und wir halten unsere Tore geschlossen. Unser Volk soll in Ruhe leben können, und eure Ankunft hat nur unsere Ruhe gestört!«

Herr *Wille* stimmte *Unglaube* zu und sagte noch: »Wir fürchten eure Vollmacht nicht, und eure Drohungen schlagen wir in den Wind. Wir werden so bleiben, wie ihr uns angetroffen habt.« Auch der neue Rechtsberater und Stadtschreiber *Vergiss-das-Gute* war derselben Ansicht. Die ganze Stadt brach daraufhin in Jubel aus (Lk. 6,25; Jes. 5,11-16).

Alle wandten dem *Ohrtor* den Rücken zu. Außerdem stellte Herr *Wille* doppelte Wachen bei den Toren auf. Am *Ohrtor* setzte er einen Herrn *Vorurteil* ein, einen bösartigen und unangenehmen Kerl, dem er eine Mannschaft von sechzehn tauben Soldaten unterstellte.

7

Die Stadt in großem Aufruhr

Als die Hauptleute sahen, dass *Menschenseele* nicht hören wollte, sondern sich zum Krieg rüstete, machten auch sie sich bereit, die Eroberung durchzusetzen.

Zunächst griffen sie heftig das *Ohrtor* an (Röm. 10,13-17). Sie verkündigten laut: »Ihr müsst von Neuem geboren werden (Joh. 3,3)!« Die Trompeten schmetterten – als Zeichen zum Angriff.

Die Leute aus der Stadt hatten auf dem Turm über dem *Ohrtor* zwei große Geschütze aufgestellt. Das eine nannten sie *Hochmut,* das andere *Eigensinn*[1]. Darauf setzten sie ihr Vertrauen. Denn diese Geschütze waren im Schloss von dem Metallgießer des Teufels, dem Schmied *Aufgeblasen,* gefertigt worden und erwiesen sich als gefährliche Waffen.

Doch die Hauptleute des Königs waren äußerst tapfer und kämpften sehr umsichtig und wachsam, mit vollem Einsatz aller Kräfte; sie hatten verschiedene Wurfmaschinen, Mauerbrecher und eine Reihe Sturmböcke mitgebracht. Mit den Wurfmaschinen zerschlugen sie einige Häuser, und mit

---

1 Das Verharren im Ungehorsam ist Hochmut und Eigensinn bzw. Dickköpfigkeit.

den Sturmböcken versuchten sie, das *Ohrtor* aufzubrechen (2.Tim. 4,2).

Die Stadt aber widerstand so hartnäckig und schlug unter der Wut des *Diabolus* und durch die Widerspenstigkeit des Herrn *Wille,* den Trotz des Bürgermeisters *Unglaube* und seines Stadtschreibers Herrn *Vergiss-das-Gute* alle Angriffe entschieden ab.

Als die Hauptleute das merkten, zogen sie sich in ihr Winterquartier zurück; doch gab es auf beiden Seiten einige Verluste. Das geschah folgendermaßen:

Während die Hauptleute vor die Stadt zogen, stießen sie auf drei junge Männer, die gerne Soldaten werden wollten. Sie hießen: *Tradition, Menschen-Weisheit* und *Menschliche-Erfindung*[2]. Diese Burschen boten den Hauptleuten ihre Dienste an, und Hauptmann *Boanerges* nahm sie in seine Abteilung auf.

Aber die Truppen des Herrn *Wille* starteten einen Gegenangriff aus der Stadt und drangen in die Nachhut der Abteilung von *Boanerges* ein. Dabei gerieten jene drei Neulinge in Gefangenschaft.

2 Anstelle wahrer Bekehrung sucht der Mensch Ausflüchte, die aber alle keinen Nutzen bringen.

Diabolus berief den Herrn *Wille* wegen dieser Angelegenheit zur Berichterstattung.

Danach befragte er die Gefangenen selbst und ließ sie dann wieder einsperren. Einige Tage später rief er sie wieder zu sich und fragte sie, ob sie bei ihm in Dienst treten wollten gegen ihren früheren Hauptmann. Sie erklärten ihm, dass es ihnen nicht so sehr auf die Religion ankomme, sondern vielmehr darauf, durch glückliche Zufälle voranzukommen. So waren sie auch bereit, *Diabolus* zu dienen, der sie bei dem Hauptmann *Alles-gleich* unterbrachte.

Menschliche-Erfindung brachte es bei ihm sogar zum Fahnenträger.

Aber auch das Heer des Königs hatte einige Erfolge: So zerstörte es das Dach des Hauses, in dem der alte Bürgermeister namens *Verstand* seit dem Einzug von *Diabolus* Hausarrest hatte.

Die sechs Ratsherren *Flucher, Hurer, Wut, Lügenmaul, Säufer* und *Betrüger* wurden alle auf einmal mit einem Schuss getötet.

Auch schaffte es das Heer, die beiden Geschütze von dem Turm über dem *Ohrtor* herunterzuwerfen und in den tiefen Sumpf zu stürzen.

Während das Heer des Königs nun im Winterquartier lag, vergaß es doch nicht seinen Auftrag. Immer wieder blies man Alarm gegen die Stadt, einmal vor diesem Tor, ein anderes Mal vor einem anderen. Besonders als nun die Nächte am längsten waren, beunruhigte man fortwährend die Stadt, sodass die Einwohner von *Menschenseele* sich nicht mehr so ruhig in den Schlaf einwiegen konnten wie bisher.

Außer den Trompetensignalen schleuderte man große Steine in die Stadt (Jer. 23,29). Manchmal liefen Tausende der königlichen Soldaten um die Stadt herum und erhoben ihr Kriegsgeschrei.

Wiederholt wurde auch jemand in der Stadt verwundet. Dann hörte man dessen Klagegeschrei (Ps. 38,9). Selbst *Diabolus* wurde in dieser Zeit oft in seiner Ruhe gestört.

Durch all diese Not tauchten in der Stadt sogar neue Gedanken auf. »Solch ein Leben ist nicht auszuhalten!«, sagten einige. Andere dagegen meinten: »Das geht alles vorüber.« Wieder andere sprachen bei sich selbst: »Wir sollten zu unserem König *El-Schaddai* zurückkehren und damit all diesem Elend ein Ende machen!« (Ps. 102,4-12). Doch daraufhin meinten andere ängstlich: »Er wird uns womöglich nicht wieder in Gnaden annehmen wollen!«

Der alte Stadtschreiber *Gewissen* begann jetzt wieder seine Stimme laut zu erheben; seine Vorhaltungen erschallten wie Donnerschläge in der Stadt und versetzten sie in Schrecken.

Auf einmal wurde den Einwohnern der Stadt erschreckend deutlich, dass der Hunger ihrer Seele niemals durch den Genuss der Sünde gestillt werden konnte (Lk. 15,17). Der Fluch lag auf allem, was ihnen sonst Spaß gemacht hatte. Man konnte sogar Todesgedanken auf ihren Gesichtern erkennen (Ps. 18,6; Mk. 8,37).

Boanerges schickte seinen Trompeter dreimal nacheinander hin, um *Menschenseele* feierlich aufzufordern, sich dem großen König *El-Schaddai* auszuliefern.

Beim ersten Mal kam der Trompeter mit einer Friedensbotschaft: »Wenn ihr euch demütigt und zu dem gnädigen König umkehrt, wird eure ganze Rebellion vergeben und vergessen sein« (Apg. 10,42-43).

Beim zweiten Mal teilte ihnen der Trompeter mit: »Wenn ihr an eurer Rebellion festhaltet, wird das schlussendlich die königlichen Hauptleute dazu bringen, eure Stadt zu erobern und die Gebeine der widerspenstigen Bürger vor der Stadt zu zerstreuen.«

Beim dritten Mal kam der Trompeter und drohte in schärfstem Ton das Gericht und Verderben an. Die Hauptleute hätten ihm den Befehl erteilt, die

Stadt zum letzten Mal aufzufordern, die Tore zu öffnen; das Schwert sei schon geschärft (Ps. 7,13-14).

Diese drei Aufrufe, besonders aber der letzte, trieben die Bürger der Stadt dermaßen in die Enge, dass man sogleich eine Versammlung einberief. Das Ergebnis war, dass Herr *Wille* zum *Ohrtor* gehen sollte, um dort durch Trompetensignale die Hauptleute des königlichen Heeres zu Verhandlungen einzuladen.

Man wollte mit König *El-Schaddai* aufgrund folgender Bedingungen zu einer Übereinkunft kommen:

1. Der augenblickliche Bürgermeister *Unglaube,* der Stadtschreiber *Vergiss-das-Gute* und der Herr *Wille* sollten auch unter *El-Schaddai* die Leiter der Stadt bleiben dürfen.

2. Niemand, der jetzt *Diabolus* dient, soll von *El-Schaddai* aus seinem Haus und aus seinen Ehrenrechten entfernt werden.

3. Der Stadt *Menschenseele* müssen alle bisherigen Rechte, Privilegien und Freiheiten auch weiterhin erhalten bleiben.

4. Kein neues Gesetz und kein neuer Beamter und Richter sollte irgendwelche Macht über die Einwohner ausüben, wenn diese nicht ihre Zustimmung dazu gäben (2.Kor. 6,15).

Boanerges ließ ihnen daraufhin mitteilen:

»Ich habe mich sehr darüber gefreut, dass ihr endlich bereit wart, mit uns zu verhandeln. Und ich habe mich noch mehr gefreut, dass ihr saget, ihr wolltet euch dem König unterwerfen. Als ich aber eure unverschämten Bedingungen angehört habe, hat sich meine Freude in grenzenlosen Schmerz verwandelt. Ich sehe, dass der alte Schurke *Fleisches-Sicherheit* diese Bedingungen aufgestellt hat. Wir verwerfen sie voller Verachtung (2.Tim. 2,19). Ach, du verirrte Stadt *Menschenseele*, wenn du dich den Händen unseres Königs ausliefern wolltest, würdest du nichts als Vorteile davon haben. Wenn aber nicht, dann wissen wir, was wir zu tun haben!«

Da schrie Herr *Unglaube*, der Bürgermeister:

»Wer würde so töricht sein, das Zepter aus der Hand zu geben an jemanden, den er gar nicht kennt! Was mich angeht, werde ich mich niemals auf eine so bedingungslose Unterwerfung einlassen. O *Menschenseele,* wenn du dich einem anderen auslieferst, bist du nicht mehr dein eigener Herr! Wer weiß, wer von uns durch den König sogar umgebracht wird!«

Durch diese Rede des Bürgermeisters war alle Hoffnung auf eine Übereinkunft verflogen. (Eph. 5,6). Die Hauptleute des Königs kehrten in ihr Feldlager zurück.

Diabolus lobte *Unglaube* für seine Worte: »Herr Bürgermeister, mein getreuer *Unglaube,* ich habe dich bestimmt schon mehr als zehnmal auf die Probe gestellt und habe dich immer als mir treu ergeben befunden. Ich werde dich zu meinem allgemeinen Stellvertreter machen, und du sollst unter meiner Leitung alle Völker beherrschen können (Eph. 2,2).«

Doch in der Zwischenzeit hatten Herr *Verstand,* der vor dem Einzug von *Diabolus* Bürgermeister in *Menschenseele* war, und sein Stadtschreiber, Herr *Gewissen,* von dem gehört, was vor dem *Ohrtor* passiert war. So fingen sie an, einige der Stadtbewohner zu überzeugen, dass die Vorschläge der königlichen

Hauptleute nur recht und billig waren, die Ansprache des alten *Unglaube* jedoch sehr töricht war und schlimme Folgen mit sich bringe, wenn man sich nach ihm richte (Eph. 5,15-17).

Bald standen an allen Straßenecken und Plätzen der Stadt Gruppen von Menschen beisammen und redeten und murrten über das, was geschehen war. »Wären wir doch nur wieder unter der Regierung von *El-Schaddai*!«, riefen jetzt viele (2.Kor. 7,9-11).

Als Bürgermeister *Unglaube* das hörte, lief er hinaus, um das Volk zu beruhigen. Doch als die Leute ihn sahen, rannten sie auf ihn los und hätten ihm zweifellos Gewalt angetan, wenn er nicht so schnell wie möglich wieder in sein Haus geflüchtet wäre.

Man wagte es sogar, dasselbe anzugreifen, doch es war zu stabil. Von einem Fenster aus begann Herr *Unglaube* darum wieder mit einer Rede und fragte, warum es denn zu diesem Lärm gekommen sei. Darauf antwortete Herr *Verstand*:

> »Du und dein Gebieter sind schuld daran; ihr habt euch nicht richtig verhalten gegenüber den Hauptleuten des Königs!

1. Ihr habt weder mich noch Herrn *Gewissen* in die Beratung hinzugezogen.

2. Die von euch vorgetragenen Friedensangebote konnten auf gar keinen Fall angenommen werden.

3. Sie laufen nämlich darauf hinaus, dass *Diabolus* weiterhin König unserer Stadt bleiben sollte.

4. Durch deine scheußlich unpassende, gottlose und verführerische Rede hast du alles verdorben!«

Als der alte *Unglaube* das hörte, schrie er laut: »Verrat, Verrat! Zu den Waffen, ihr alle in *Menschenseele,* die ihr euch als treue Freunde zu *Diabolus* haltet!«

Aber *Verstand* erwiderte ruhig: »Die Hauptleute eines so hohen Herrn hast du schändlich behandelt!«

Und der alte *Gewissen* fügte noch hinzu: »Du hast auf die Antwort von *Verstand* ganz ungehörig reagiert; denn er hat die Wahrheit gesagt. Du aber bist ein Feind von *Menschenseele*!«

»So wahr ich lebe, ich werde deine Worte *Diabolus* überbringen«, rief *Unglaube,* worauf *Verstand* antwortete: »Du und dein Fürst, ihr seid beide als Fremdlinge in *Menschenseele* eingedrungen und habt uns in große Not gebracht!«

»Du hast vergessen, dass du unter einem Herrscher stehst und dich ihm zu unterwerfen hast!«, drohte *Unglaube* (2.Pt. 2,17-18).

In diesem Augenblick stiegen die Herren *Wille, Vorurteil* und *Fleisches-Sicherheit* von dem Stadttor hernieder und erkundigten sich nach der Ursache für den Lärm. Alle redeten durcheinander. Nachdem Stillschweigen befohlen wurde, sagte der alte Fuchs *Unglaube*: »Hier stehen, wie ich befürchte, auf Anraten eines Herrn *Missvergnügen* ein paar mürrische Gestalten, die sich gegen mich stellen und versuchen, einen Aufruhr anzuzetteln gegen unseren Fürsten.«

Und sogleich standen sich zwei Gruppen gegenüber. Die eine hielt es mit *Diabolus,* die andere mit *El-Schaddai,* Seinen Hauptleuten und Seinen Gesetzen.

Erst griff man sich mit Worten an; aber schon bald fielen Schläge. Herr *Gewissen* wurde zweimal von *Übertretung* niedergeschlagen, und Herr *Verstand* wäre beinahe erschossen worden, wenn der Übeltäter besser gezielt hätte. Es sah komisch aus, als Herr *Vorurteil* solche Genickstöße bekam, dass er schließlich in den Straßenschmutz niedersank. Wundersam erschien es allen, dass Herr *Wille* wie unbeteiligt dabeistand, ohne für eine Seite Partei zu ergreifen.

Dasselbe war auch der Fall, als Herr *Alles-gleich* an ihm vorbeihinkte; er schien kaum Notiz an dessen Unglück zu nehmen.

8

Die Hauptleute von El-Schaddai erhalten Hilfe

Als der Aufruhr in *Menschenseele* abebbte, wollte *Diabolus* die frühere Ruhe wieder herstellen. Er ließ den alten Bürgermeister, Herrn *Verstand,* und den alten Stadtschreiber, Herrn *Gewissen,* ins Gefängnis werfen.

Die Hauptleute des königlichen Heeres hielten wieder Kriegsrat. Sie waren der Ansicht, dass die Stadt *Menschenseele* jetzt eher als je zuvor geneigt sei, auf guten Rat zu hören (Jes. 42,3; Jer. 3,12; Hos. 14,2-6). So wurde ein Trompeter an das *Ohrtor* geschickt. Dieser begann damit, zunächst die großen Werke von *El-Schaddai* in der Schöpfung und der Vorsehung zu rühmen, und er endete mit dem Aufruf: »In Seinem Namen befehle ich euch: Ergebt euch den Hauptleuten von *El-Schaddai*!«

Niemand in *Menschenseele* wusste darauf etwas zu antworten. Da kam *Diabolus* selbst zum Vorschein und redete den Einwohnern der Stadt zu: »Bedenkt, welche Freiheiten ich euch gewährt habe! Die Untertanen von *El-Schaddai* sind doch überall Sklaven, wo sie sich auch befinden mögen. Niemand auf der ganzen Welt ist so unglücklich wie ein Diener von *El-Schaddai.* Niemand wird so unterdrückt! Bedenkt, dass ihr nun Freiheit genießt (2.Tim. 2,26)!

Zeigt das dadurch, dass ihr mir, eurem Fürsten, anhängt und mir gehorcht!«

Das Ergebnis dieser Ansprache war, dass die Leute in *Menschenseele* ihr Herz wieder verhärteten. Zwar trieb sie der Gedanke an die Größe von *El-Schaddai* und die Menge ihrer Sünden fast zur Verzweiflung (Kla. 1,14); doch diejenigen, die weiterhin dem *Diabolus* anhingen, beschlossen wieder, ihrem Fürsten treu zu bleiben und sich niemals *El-Schaddai* zu ergeben.

Je mehr sich die Hauptleute mühten, die Stadt zur Übergabe zu bewegen, umso stärker wehrte man sich dagegen (Hos. 11,2). Darum stellten sie weitere Versuche ein.

Hauptmann *Überführung* schlug jetzt vor: »Wir sollten gemeinsam ein Schreiben an *El-Schaddai* richten, in dem wir Seine Majestät ernstlich um Hilfe bitten.« Damit waren alle einverstanden.

In ihrem Bittschreiben teilten sie *El-Schaddai* mit, dass die Stadt *Menschenseele* alles daran setze, die Eroberung abzuwehren (Mt. 22,5-6; Ps. 14,3). Und *Diabolus, Unglaube* und *Wille* seien dabei die großen Übeltäter.

Auch baten sie ihren König um neue Hilfstruppen unter der Leitung eines ausgezeichneten Heerführers.

Das Bittschreiben wurde durch Herrn *Liebe-zu-Menschenseele* zu *El-Schaddai* gebracht. Dessen Sohn nahm die Petition in Empfang (Joh. 14,6), brachte manche Verbesserungen an und fügte noch einiges eigenhändig hinzu, ehe Er sie Seinem Vater übergab (1.Joh. 2,1-6).

Der König rief daraufhin Seinen Sohn herbei und sagte: »Komm, Mein Sohn, bereite Dich zum Kampf vor; denn Du sollst gemäß unserem längst gefassten Ratschluss in das Heerlager vor der Stadt *Menschenseele* ziehen« (Eph. 1,4; Jes. 43,24-25; 2.Kor. 5,19-21). Darauf antwortete der Fürst: »*›Deinen Willen zu tun, Mein Gott, begehre Ich, und Dein Gesetz ist in Meinem Herzen‹ (Ps. 40,9; Hebr. 10,7)*. Dies ist der Tag, nach dem Ich Mich schon längst gesehnt habe, um das Werk zu tun, dessen Ausführung Ich schon längst brennend erwartet habe. Der *Tag der Rache* ist in Meinem Herzen, und *das Jahr Meiner Erlösten* ist gekommen (Jes. 63,4); Ich freue Mich, Vater, dass Du Mich zum *Urheber ihres Heils* bestimmt hast!« (Hebr. 2,10; Gal. 4,4-5; 1.Joh. 3,8; Jes. 53,10-12).

Die höchsten Diener des Königs eilten sogleich herzu und baten dringendst darum, diese Nachricht ins Feldlager bringen zu dürfen (Dan. 9,21-27; Lk. 1,26-38; 2,9-14). Die treuen Feldherren vor der Stadt erhielten sogleich Kunde von dem herrlichen Erfolg ihres Bittschreibens. Da jauchzten sie alle so laut, dass die Erde erbebte. Die Berge hallten von dem Echo wider, und der Thron des *Diabolus* wankte und zitterte. Im ganzen Reich gab es nämlich niemanden, vor dem er sich so fürchtet wie vor dem Sohn des Königs (1.Mo. 3,15; Lk. 11,22; Hebr. 2,14-15).

Die dem Fürsten *Immanuel* zu Dienst stehenden Hauptleute machten sich bereit, um mit dem Heer des Königssohnes zu ziehen: Hauptmann *Glaube* mit seinem Fahnenträger Herrn *Verheißung,* Hauptmann *Gute-Hoffnung* mit seinem Fahnenträger Herrn *Erwartung,* Hauptmann *Liebe* mit seinem Fahnenträger Herrn *Erbarmen,* Hauptmann *Unschuld* mit seinem Fahnenträger Herrn *Reinheit,* und schließlich Hauptmann *Ausharren* mit seinem Fahnenträger Herrn *Langmut.* Man brachte auch eine große Anzahl Mauerbrecher und Wurfmaschinen (das Wort Gottes) mit ins Lager. So kam man zur Stadt und umzingelte sie.

Mehrere Hügel wurden gegen sie aufgeworfen: auf der einen Seite der *Berg der Gnade,* auf der anderen der *Berg des Rechts,* auf denen jeweils viele große Geschütze aufgestellt wurden. Außerdem sah man noch mehrere kleinere Anhöhen: den *Hügel der Wahrheit* und den *Hügel der Sündlosigkeit,* auf denen sich noch mehrere Wurfmaschinen befanden. Und fünf der besten Mauerbrecher kamen auf den *Berg Aufhorchen,* einem Schanzhügel, dicht vor dem *Ohrtor*[1]. Als die Bewohner von *Menschenseele* das alles sahen, begann ihnen der Mut zu schwinden.

Fürst *Immanuel,* der Sohn des Königs, hisste zuerst die weiße Fahne, und zwar aus folgendem Grund:

1. Die Stadt sollte sehen, dass Er nur gekommen ist, um ihr Gnade und Heil zu bringen, wenn man sich Ihm unterwerfen würde;
2. aber auch, um ihnen jede Entschuldigung zu nehmen, wenn sie in ihrem Widerstand beharrten und Er deshalb Gewalt anwenden müsse.

Die Stadt reagierte aber nicht auf dieses Angebot der Gnade durch *Immanuel* (Jer. 17,9). Darum wurde jetzt auf dem *Berg des Rechts* die rote Fahne des Hauptmanns *Gericht* gehisst. Auch darauf reagierte man nicht. Folglich kam die schwarze Fahne an die Reihe, was der Kriegserklärung gleichkam.

---

1 Der Glaube kommt durch das Hören auf die Predigt des Wortes Gottes.

Immer noch erfolgte keine Antwort. Das geschah wegen der großen Unwissenheit in *Menschenseele*. Darum ließ Fürst *Immanuel* ihr bekannt machen, was diese Fahnen alle zu bedeuten hätten, und dass Er lauter Gedanken des Friedens über sie habe und sie vom Feind erlösen wolle (Jer. 29,11; Lk. 19,41-42). Doch gehorchte man weiterhin hartnäckig dem Fürsten *Diabolus*. Als *Immanuel* feststellte, wie sehr sie an diesen Tyrannen versklavt waren, betrübte es Ihn in Seinem Herzen (1.Mo. 6,6).

Schließlich kam *Diabolus* an das *Mundtor* und sprach mit dem Fürsten *Immanuel*: »Warum bist Du gekommen, mich zu quälen und mich aus meinen Besitzungen zu vertreiben (Mt. 8,29)? Diese Stadt *Menschenseele* gehört mir! Ich habe ein Recht auf sie, weil ich selbst sie erobert habe, und weil die dortigen Einwohner sich mir unterworfen haben. Auch ihren Palast haben sie mir ausgeliefert.«

Dies alles sagte *Diabolus* in seiner eigenen Sprache, sodass die Menschen in der Stadt ihn nicht verstehen konnten. Sie sahen auch nicht, wie tief er sich vor *Immanuel* bückte und sich dabei seltsam verkrampfte. Fürst *Immanuel* gab dem *Diabolus* eine deutlich ablehnende Antwort:

- »Du tust so, als hättest du ein Recht auf *Menschenseele*; dabei bist du nur durch Hinterlist und Betrug durch das Tor eingedrungen. Du hast gegenüber *Menschenseele* Meinen Vater als Lügner und Betrüger hingestellt. Du hast den Bewohnern eingeredet, es werde sie glücklich machen, wenn sie die Gebote Meines Vaters überträten.
- Du böser Erzfeind hast auch das Bild Meines Vaters in *Menschenseele* zerstört und dein eigenes Bild an dessen Stelle aufgerichtet.
- Ich bin deshalb gekommen, um das Meinem Vater angetane Unrecht zu rächen (Mt. 12,20); denn die Stadt gehört Mir: Mein Vater hat sie gegründet, und Ich bin Sein Erbe (Joh. 16,15; Hebr. 1,2). Er hat Mir diese Stadt übergeben (Joh. 17). Außerdem habe Ich sie Mir erkauft (Jes. 43,1; 50,1), und Ich bin bei Meinem Vater Bürge für sie geworden. Ich habe Mein Leben und Blut für sie dahingegeben (1.Pt. 1,18-19; Gal. 3,13). Dadurch wurde Mein Vater völlig zufriedengestellt, und jetzt hat Er Mich gesandt.«

Danach sprach *Immanuel* auch noch *Menschenseele* an; doch sofort stellte man doppelt so viele Wachen an alle Tore (Apg. 4,18).

»Du unglückliche Stadt *Menschenseele*«, so begann Er, »Mein Herz ist von tiefstem Mitleid über dein Schicksal bewegt (Jer. 8,21). Du hast *Diabolus* als König aufgenommen. Du bist zu einer Brutstätte für seine Anhänger geworden – gegen deinen rechtmäßigen Oberherrn. Du hast deine Ohren gegen all Mein Rufen fest verschlossen (Jer. 3,12-13; Hos. 11,8; Lk. 9,56).

Höre, *Menschenseele,* höre auf Mein Wort! Täusche dich nicht länger selbst! Dieses große Heer ist nicht hierhergekommen, um euch zu plagen, sondern um euch aus der Sklaverei zu erlösen (Joh. 3,17) und euch wieder unter den Gehorsam gegenüber *El-Schaddai* zu bringen.

Ich bin gekommen, um gegen *Diabolus* und seinen Anhang zu kämpfen. Ich werde ihm seine Waffen nehmen und ihn aus seiner Festung werfen (Lk. 11,22; Kol. 2,15; Jud. 6). Die Stadt soll Meine Herrlichkeit sehen (Off. 21,23)!«

Menschenseele aber verschloss die Tore noch fester und verbarrikadierte sie obendrein (Apg. 7,51; Hes. 2,4.7).

9

Menschenseele ergibt sich nicht so einfach

Als *Immanuel* bemerkte, dass die Einwohner von *Menschenseele* Seine Worte in den Wind schlugen, befahl Er den Hauptleuten, die Sturmböcke und Wurfmaschinen vor dem *Ohr*- und dem *Augentor* aufzustellen. Doch sandte Er zuvor noch eine Botschaft zu den Bewohnern von *Menschenseele,* um festzustellen, ob sie nicht doch bereit wären, sich auf friedliche Weise zu ergeben.

Daraufhin hielt *Diabolus* mit den Einwohnern Kriegsrat. Dabei beschlossen sie, *Immanuel* gewisse Bedingungen vorzulegen.

Ein alter Mann, ein echter Diener des *Diabolus,* sollte *Immanuel* diese Bedingungen überbringen. Er hieß *Halsstarrig* und war steif und hartnäckig[1]. Schmeichelnd begann er: »Großer Herr, mein Meister will doch nur jedem zeigen, wie herzensgut er ist. Er möchte gern Eurer königlichen Majestät, anstatt zu kämpfen, die Hälfte der Stadt *Menschenseele* abtreten« (Mt. 6,24).

Immanuel antwortete: »Die ganze Stadt gehört Mir, weil Ich sie sowohl erbaut als auch Mir erkauft habe.«

---

1 Aus sich heraus beugt und demütigt sich der Mensch niemals.

Halsstarrig erwiderte: »Mein Meister wäre auch schon zufrieden, wenn Ihr zwar dem Namen nach Herr der ganzen Stadt würdet, ihm jedoch wenigstens ein kleines Stück davon überließet« (2.Tim. 3,5).

Immanuels Antwort lautete wieder: »Die ganze Stadt ist mein Eigentum. *Alles, was Mir der Vater gibt, wird zu Mir kommen,* und Ich werde nichts davon verlieren, auch nicht den kleinsten Teil!« (Joh. 6,37.39; 2.Mo. 10,26).

Dann schlug *Halsstarrig* vor: »Angenommen, mein Meister vertraut Euch die ganze Stadt an – darf er dann wenigstens ab und zu einen Tag oder auch zehn, oder auch einen Monat bei einem seiner alten Bekannten wohnen, wenn er auf der Durchreise ist?«

Daraufhin sprach *Immanuel*: »Als ein Durchreisender kam er einst auch zu David und blieb auch nicht lange; aber fast hätte es David seine Seele gekostet!« (2.Sam. 12,1-5; 1.Kor. 5,6).

Halsstarrig entgegnete: »Herr, Ihr scheint sehr hart zu sein; aber dürfen dann wenigstens die Freunde und Verwandten meines Meisters in der Stadt volle Freiheit behalten, dort ihren Handel zu treiben?«

Doch *Immanuel* antwortete: »Mein Vater will, dass alles, was von *Diabolus* in der Stadt gefunden wird, ganz und gar ausgerottet wird« (Kol. 3,5).

Und noch einmal machte *Halsstarrig* einen Versuch: »Darf mein Meister dann wenigstens durch Briefwechsel oder irgendwie anders noch einen Schimmer der alten Freundschaft mit der Stadt *Menschenseele* aufrecht erhalten?«

»Nein«, erwiderte *Immanuel* darauf, »unter keinen Umständen! Denn das könnte *Menschenseele* Mir entfremden und sie zum zeitlichen und ewigen Verderben führen!« (Joh. 10,10-11).

Halsstarrig ließ nicht locker und sagte: »Darf er denn nicht einmal ein Unterpfand seiner fortwährenden Liebe und Freundschaft zurücklassen, damit sie sich daran erinnern können, welchem Herrscher sie einst gedient haben?«

Doch *Immanuel* schüttelte den Kopf: »Nicht das geringste Fädchen von ihm darf zurückbleiben, durch welches die Erinnerung an jene entsetzliche Gemeinschaft wieder erneuert würde, die zwischen *Menschenseele* und *Diabolus* bestanden hat« (Lk. 9,62; Phil. 3,13; 1.Mo. 19,26).

Noch einen letzten Versuch wagte *Halsstarrig*: »Darf sich mein Meister dann nicht wenigstens in den umliegenden Dörfern mit solchen Stadtbewohnern treffen, die ihn vielleicht um Hilfe bitten wollten?«

Doch *Immanuel* entgegnete daraufhin: »Das wäre eine schreckliche Geringschätzung der Weisheit und Kraft Meines Vaters (Phil. 4,6). Außerdem hieße das, für *Diabolus* und die Seinen wieder die Tür zu öffnen, um in der Stadt verschwörerische Pläne zu schmieden und ihren Untergang herbeizuführen« (2.Kor. 6,17-18).

So berichtete *Halsstarrig* anschließend in der Stadt den Gesprächsverlauf. Da beschloss man dort einmütig, alles zu unternehmen, um *Immanuel* draußen zu halten. *Fleisches-Sicherheit* machte diesen Beschluss vom *Ohrtor* her mit gellender Stimme *Immanuel* bekannt.

Nun wurde auf Seinen Befehl hin alles zum Sturm auf die Stadt bereitgemacht (Jes. 29,3.5; Hes. 6,3). In der Stadt übernahm währenddessen *Diabolus* das Kommando, wodurch der Widerstand besonders hartnäckig, teuflisch und feindselig wurde.

Die Hauptleute von *El-Schaddai* setzten sich tapfer ein (2.Kor. 10,4-6). Hauptmann *Boanerges* führte drei heftige Angriffe auf das *Ohrtor,* sodass die Pfosten erbebten (Apg. 2,37; Zeph. 3,16). Hauptmann *Überführung* erhielt drei Wunden, weil er sich zu nahe an dieses Tor heranwagte (Apg. 26,28-29); der Fürst verband sie ihm. Die Hauptmänner *Gute-Hoffnung* und *Liebe* kämpften tapfer am *Augentor* (1.Kor. 13,7). Fürst *Immanuel* ließ dann Seine Hauptleute ausruhen (Mk. 6,31; Jes. 35,3) und verlieh jedem von ihnen für ihre Tapferkeit und zum Lohn ihrer Treue eine goldene Kette (1.Mo. 41,42; Dan. 5,29).

Verschiedene Offiziere aus dem Heer des *Diabolus* und einige Bewohner der Stadt, die ihm anhingen, wurden getötet oder verwundet. Hauptmann *Prahlerei,* der behauptet hatte, die Pfosten vom *Ohrtor* könnte niemand erschüttern (Jer. 9,22-23), wurde getötet. Hauptmann *Sicher,* der immer sagte, die Blinden und Lahmen in *Menschenseele* könnten *Immanuel* und Sein Heer vertreiben (2.Sam. 5,6), starb ebenfalls. Hauptmann *Überführung* spaltete ihm mit seinem zweischneidigen Schwert den Schädel (Hebr. 4,12). Außerdem wurde dem Hauptmann *Angeber* bei dem *Augentor* von Hauptmann *Gute-Hoffnung* eine tödliche Wunde zugefügt. Hauptmann *Angeber* hatte eine Bande angeführt, die brennende Äste und vergiftete Brandpfeile schleuderte.

Auch Herr *Gefühl,* der die Einwohner von *Menschenseele* zur Rebellion aufgewiegelt hatte, wurde beinahe getötet, als er eine schwere Wunde erhielt.

Sogar Herr *Wille* wurde am Bein verwundet. Mehrere haben ihn umherhumpeln gesehen.

Weil so viele der Anhänger von *Diabolus* verwundet und erschlagen wurden, verloren in seinem Heer fast alle den Mut. Herr *Feind-des-Guten* wurde tödlich getroffen, auch wenn er nicht sofort starb. Auch Herr *Fleisches-Sicherheit* wurde am Kopf schwer verletzt und konnte darum in *Menschenseele* nicht mehr so viel Böses anrichten.

Andere Anführer ergriffen die Flucht.

Fürst *Immanuel* ließ sogleich wieder die weiße Fahne hissen, um die Stadt wissen zu lassen, dass Er sich über sie erbarmen wolle (Jes. 54,8.10).

Als *Diabolus* das sah, holte er wieder einen seiner schlauen Tricks hervor. Er versuchte die Belagerung durch Fürst *Immanuel* dadurch zu beenden, dass er Ihm eine Reformation in der Stadt durchzuführen versprach, indem er das heilige Gesetz Gottes dort aufzurichten trachtete. Aber *Immanuel* durchschaute dieses betrügerische Manöver (Ps. 50,16-17; 2.Kor. 11,14; Mt. 7,15-23): *Diabolus* wollte dadurch nur die Stadt in seinem Besitz behalten. »Durch eine solche Reformation kann der Fluch, der über die Stadt *Menschenseele* gekommen ist, doch nicht weggenommen werden«, erwiderte der Fürst (Gal.

3,10; Röm. 3,28). »Ich aber werde sie Mir zu einer herrlichen Wohnstätte zurichten« (Eph. 5,27; Off. 21,2.5).

Jetzt war *Diabolus* völlig entlarvt.

Der entscheidende Sturm erfolgte sehr bald. *Diabolus* zog sich in das Schloss zurück. Vorher gab er seinen Offizieren noch den Befehl, in der Stadt möglichst viel Schaden anzurichten und Übles zu tun (Mk. 9,18). Daraus erkennt man deutlich, dass es ihm überhaupt nicht um das Glück der Stadt ging, sondern im Gegenteil: sie zu verderben. *Immanuel* ermutigte Seine Hauptleute und Offiziere, möglichst mutig gegen *Diabolus* vorzugehen, aber barmherzig und sanft gegenüber den Einwohnern der Stadt – besonders den alt-eingesessenen – zu sein (Sach. 2,12).

Schon bald wurde das *Ohrtor* erstürmt und die Riegel und Verschlussbalken in tausend Stücke zerbrochen. *Immanuel* richtete nun Selbst in diesem Tor Seinen Thron auf und hisste dicht daneben, auf dem Hügel *Höre-gut,* Seine Fahne.

Vom *Ohrtor* aus führte eine gerade Straße direkt zum Haus des alten Herrn *Gewissen,* das nahe bei dem Palast des *Diabolus* stand, in den er nun geflüchtet war. Die Hauptleute räumten die Straße schnell frei und zogen zu jenem Haus und damit auch zum Palast, das heißt zum Herzen der Stadt.

Als die Hauptleute *Boanerges, Überführung* und *Gericht* am Haus von Herrn *Gewissen* ankamen, klopften sie an die Tür und forderten Einlass. Der alte Herr wagte nicht selbst zu öffnen; erst als *Boanerges* der Tür mit einem Mauerbrecher einen Stoß versetzte, sodass das ganze Haus wankte, kam er schrecklich zitternd, mit bebenden Lippen, herunter (Ps. 38,11). *Boanerges* gab der Tür mit einem Sturmbock einen weiteren Stoß, brach sie auf, die Hauptleute drangen ein und beschlagnahmten das Haus im Namen von *El-Schaddai* und *Immanuel* für den großen Fürsten.

Das Haus eignete sich prächtig, um von dort aus das Schloss anzugreifen.

Der alte Herr *Gewissen* hatte große Angst und sagte: »Wir sind Verräter gegen *Immanuel* gewesen! Ich habe sehr gesündigt (Ps. 51,6); ich habe geschwiegen, wo ich hätte reden sollen! So sehr habe ich das Recht verdreht. Wehe mir! Oh, welch ein Ende werden wir alle nehmen, wenn jetzt der Tag des Gerichts und des Zorns über uns kommt!« (Röm. 1,18).

Inzwischen war Hauptmann *Vollstrecker* dabei, in den einzelnen Stadtteilen alle Bösewichte zu verfolgen und möglichst zu töten (Mt. 21,41).

Herr *Wille* wurde in die Enge getrieben; er verkroch sich in einem Loch. Drei seiner Offiziere wurden exekutiert, nämlich *Vorurteil* (Joh. 1,46), der Wächter *Nachjager der Nichtigkeit* (Phil. 3,19), der Offizier über die beiden Geschütze auf dem Turm über dem *Ohrtor* war, und Hauptmann *Verräter.*

Auch viele der einfachen Soldaten von Herrn *Wille* kamen um. Aber man beachte: Das waren alles Anhänger des *Diabolus,* die sich mit ihm in *Menschenseele* festgesetzt hatten (Off. 14,9-10). Von den übrigen Einwohnern der Stadt – den alt-eingesessenen – wurde niemand getötet, entsprechend der Anordnung von *Immanuel.*

Beim *Augentor* tötete Hauptmann *Gute-Hoffnung* den Wächter dieses Tores, nämlich Herrn *Verblendet,* der Hauptmann über tausend Mann war; auch von ihnen erschlug er viele, die mit großen Streithämmern kämpften. *Sicherheit* wurde ebenfalls von *Gute-Hoffnung* umgebracht.

10

Zu völliger Übergabe gebracht

Der alte Stadtschreiber *Gewissen*, Herr *Verstand* und noch einige der Vornehmsten der Stadt *Menschenseele* beschlossen nach eingehender Beratung, ein Bittschreiben zu verfassen, um es zu *Immanuel* zu senden, solange dieser sich noch in jenem Stadttor aufhielt. In diesem Schreiben bekannten die Einwohner der Stadt ihre Sünden und sprachen ihr tiefes Bedauern darüber aus, dass sie sich gegen Seine Majestät aufgelehnt hatten; gleichzeitig flehten sie Ihn an, Er möge ihr Leben verschonen.

Auf dieses Bittschreiben kam keine Antwort (Jes. 1,15). Inzwischen waren die Hauptleute *Immanuels* noch damit beschäftigt, das Tor des Palastes, in dem sich *Diabolus* verbarg, zu sprengen; und sie hatten Erfolg! So wurde der Weg zu dem als uneinnehmbare Festung geltenden Palast eröffnet!

Als dies *Immanuel* mitgeteilt wurde, schmetterten überall in Seinem Lager die Trompeten. Bald darauf marschierte der Königssohn in die Stadt ein und ging in das Haus des Stadtschreibers *Gewissen*. Seine Rüstung war aus Gold, Sein Schwert glänzte wie der Blitz (Off. 1,16); von Seinem herrlichen Anblick waren die Einwohner von *Menschenseele* ganz hingerissen (Ps. 45,3). Aber Er blickte sehr ernst, sodass diese nicht wussten, was sie davon halten sollten. Es ging ihnen wie den Brüdern Josephs, die dessen strengen Blick falsch deuteten (1.Mo. 44). So meinten auch die Stadtbewohner, *Immanuel* hasse sie wohl. Ihre Furcht wurde noch verstärkt, wenn sie daran dachten, was sie Ihm und Seinem Vater angetan hatten (2.Mo. 23,20-21). Aber trotz ihrer Angst neigte sich Ihm unwillkürlich ihre Seele zu; wie sehr wünschten sie, sich unter Sein mildes Zepter zu beugen. Doch waren ihre Zweifel manchmal so stark, dass sie sich wie ein Ball hin- und hergeworfen fühlten.

Als der Fürst bei dem Schloss ankam, befahl Er *Diabolus,* hervorzukommen und sich zu ergeben. Widerwillig kroch er hervor und beugte sich sträubend. *Immanuel* ordnete an, ihn mit Ketten zu binden. *Diabolus* bat inständig, nur ja nicht in den Abgrund geworfen zu werden (Lk. 8,38). Der Königssohn ließ ihn aber auf den Marktplatz führen und nahm ihm dort vor den Augen aller Einwohner der Stadt *Menschenseele* seine Waffenrüstung (Lk. 11,21-22), sodass er bis aufs Hemd entkleidet war. Die Trompeten *Immanuels* schmetterten dabei, und die Soldaten jubelten (Ps. 118,15-16). So wurde *Diabolus* in seiner Blöße vor den Einwohnern von *Menschenseele* zur

Schau gestellt. Dann band man ihn am Triumphwagen des Königssohnes fest.

Und während die Hauptleute *Boanerges* und *Überführung* den Palast bewachten, zog *Immanuel* mit Seinem Gefangenen im Triumph durch die ganze Stadt. Welch ein Jubel erschallte im Heerlager des Königssohnes, als die Soldaten den Tyrannen an ihres Fürsten Wagen gefesselt sahen; sie jauchzten: *»Du hast Gefangene weggeführt!« (Ps. 68,19;* Kol. 2,15). Sogar die Engel frohlockten laut über dieses Schauspiel! *Diabolus* wurde danach in ein dürres Land vertrieben, wo er Ruhe suchte und sie nicht fand (Mt. 12,43).

Die Hauptleute *Boanerges* und *Überführung* hielten derweilen beim Haus von *Gewissen* Wache. Sie blickten sehr streng und ernst um sich herum, um das Herzeleid in der Stadt noch längere Zeit wachzuhalten, sodass man eine geraume Zeit weder Trost noch Frieden oder Hoffnung empfand.

Fürst *Immanuel* blieb nicht länger in der Stadt, sondern hielt sich wieder in Seinem königlichen Zelt des Heerlagers auf. Doch schickte Er eine Botschaft an Hauptmann *Boanerges,* er solle Herrn *Verstand,* Herrn *Gewissen* und den einflussreichen Herrn *Wille* ergreifen, ins Gefängnis setzen und sie streng bewachen.

Die Angst, doch noch umzukommen, loderte dadurch in *Menschenseele* wieder auf (Ps. 55,5-6). Man fürchtete sogar, *Immanuel* werde alle Einwohner der Stadt in den Abgrund werfen lassen, vor welchem ja selbst *Diabolus* erbebt war.

Man war auch sehr bekümmert um jene drei Gefangenen. Sie hatten ihnen immer mit Rat und Tat zur Seite gestanden. Wenn sie hingerichtet würden, wäre das der Anfang des Untergangs der ganzen Stadt!

In dieser Not schickte man durch Herrn *Lass-mich-am-Leben*[1] eine Bitte an Fürst *Immanuel*. Sie lautete wie folgt: »Wir, die unglücklichen Einwohner von *Menschenseele*, flehen Dich untertänigst an, dass wir Gnade vor Deinen Augen finden mögen! Gedenke doch nicht unserer früheren Übertretungen! Lass uns nach Deiner großen Barmherzigkeit nicht umkommen, sondern am Leben bleiben! Amen.«

Aber Fürst *Immanuel* schickte ihn ohne eine Antwort zurück. Darüber wurde *Menschenseele* sehr betrübt; doch begriff man, dass man nichts anderes tun konnte, als weiterhin um Gnade zu flehen oder

---

1 So geht es in der Seele zu, der es immer noch um Erhaltung des eigenen Lebens geht.

zu sterben. Darum sandte man ein zweites Bittschreiben an *Immanuel*. Die Frage war nur, wer Ihm diese vorlegen sollte – jedenfalls nicht mehr Herr *Lass-mich-am-Leben* mit seinem leichtfertigen Benehmen (Röm. 8,8; 2.Kor. 7,10). So bat man Hauptmann *Überführung* um diesen Dienst; aber der sagte, er wolle bei dem Fürsten *Immanuel* nicht für Rebellen Fürsprache einlegen und dürfe es auch gar nicht. »Schickt nur einen aus eurer Mitte hin, und zwar gleich mit einem Strick um den Hals! Er soll um nichts anderes als um Gnade bitten!« (Eph. 2,8-9; Lk. 15,17-18).

Schließlich beschlossen sie, Herrn *Erwachte-Sehnsucht*[2] zu senden, ehe es zu spät sei (Jes. 55,6). Als dieser zu dem Fürsten kam, fiel er weinend vor Ihm nieder auf sein Angesicht und rief laut, indem er das Bittschreiben überreichte: »Ach, dass doch *Menschenseele* vor Dir leben möge!«

Als der Fürst diesen inständig flehenden Mann ansah und das Bittschreiben las, zog Er sich wie einst Joseph für eine Weile zurück und weinte (1.Mo. 43,30). Als er sich wieder gefasst hatte, kam er herein, hob *Erwachte-Sehnsucht* auf, der noch immer

2 Eine echte Sehnsucht nach Erlösung durch Immanuel (Ps. 119,82; 143).

auf der Erde lag, und sagte zu ihm: »Geh hin mit Frieden; Ich will deine Bitte überdenken.«

In der Stadt *Menschenseele* erwartete man unter tiefem Schuldbewusstsein und banger Sehnsucht die Rückkehr des Boten. Sobald man ihn erblickte, eilten ihm alle entgegen und fragten, wie es ausgegangen sei. Er gab aber keine Antwort, sondern verlangte danach, zu den Gefangenen *Verstand, Wille* und *Gewissen* zu gehen. Dort versammelte sich die ganze Menge, um zu hören, was er zu sagen hatte.

Erwachte-Sehnsucht berichtete dann, wie er zu Boden gesunken sei vor der Größe des Fürsten und vor dem Glanz Seines wunderbaren Angesichts. Er teilte auch mit, was *Immanuel* ihm gesagt hatte: »Geh wieder heim zu deiner Stadt; Ich will deine Bitte überdenken.« *Erwachte-Sehnsucht* erzählte auch etwas von der Schönheit und Herrlichkeit des Fürsten, sodass alle, die Ihn sehen würden, Ihn sicher lieben und auch fürchten müssten.

So wusste man aber immer noch nicht, was durch dieses Bittschreiben erreicht würde. Die Reaktion der Gefangenen war unterschiedlich. *Verstand* hatte einige Hoffnung, doch *Wille* ahnte nichts Gutes, und *Gewissen* behauptete, das sei eine Botschaft des Todes. Weil die Menschen, die um sie herum standen, nicht alles verstehen konnten, war die

Verwirrung in der Stadt bald sehr groß. Niemand wusste, was als Nächstes zu tun sei. Die ganze Stadt war in heller Aufregung. Das kam vor allem von der Schlussfolgerung, die *Gewissen* gezogen hatte; denn sein Urteil schätzten alle wieder sehr hoch ein[3]. Immer deutlicher begann man nun die Folgen ihres hartnäckigen Aufstandes und bösartigen Widerstands gegen Fürst *Immanuel* zu begreifen (Ps. 69,3-4; Kla. 3,42-44). Man fühlte sich ständig zwischen Furcht und Hoffnung auf und ab geworfen.

Als die Gefangenen und alle, die ihnen zugehört hatten, sich wieder etwas beruhigt hatten, fassten sie den Entschluss, erneut ein Bittschreiben an den Fürsten zu senden. Dessen Inhalt war folgender: »O großer Fürst *Immanuel,* wir, Deine arme, elende und dahinsterbende Stadt, bekennen, gegen Deinen Vater und Dich gesündigt zu haben, und wir sind nicht mehr wert, Deine *Menschenseele* genannt zu werden. Wenn Du uns in den Abgrund der Hölle wirfst, so bist Du gerecht, denn das haben wir verdient. Aber lass doch bitte Gnade vor Recht ergehen und erlöse uns von unseren Übertretungen! Amen.«

---

3 Sehnsucht nach einem guten Ende bringt noch keine bleibende Ruhe.

Wieder tauchte die Frage auf, wer das Bittschreiben vorbringen sollte. Einige dachten an den alten Herrn *Gute Werke.*

Doch *Gewissen* war absolut dagegen. Er sagte: »Ein Mann dieses Namens steht im krassen Widerspruch zu unserem Gnadengesuch (Röm. 11,6; Gal. 2,16; 3,10-13). Wenn der Fürst auf Seine Frage hin seinen Namen erfährt, wird Er sagen: ›Na, wenn in *Menschenseele* nach all ihren gräulichen Sünden der alte *Gute Werke* immer noch lebt, dann möge dieser euch aus eurer Not erretten!‹ Wenn wir den hinschicken, so sind wir alle verloren!«

Man hörte auf *Gewissen* und schickte darum auch diesmal *Erwachte-Sehnsucht.* »Aber pass gut auf«, sagte man ihm, »dass du weder mit deinen Worten noch mit deinem Benehmen irgendeinen Anstoß erregst bei *Immanuel!*«

Erwachte-Sehnsucht bat dann, ob *Nassauge*[4], ein Mann mit zerschlagenem Gemüt, ihn begleiten dürfe. Das wurde ihm gewährt. *Erwachte-Sehnsucht* ging wieder mit einem Strick um den Hals, und *Nassauge* folgte ihm händeringend. Als sie bei dem Zelt des Fürsten angekommen waren, baten sie erst um Entschuldigung dafür, noch einmal gekommen

4 Das Kennzeichen eines zerbrochenen Herzens (Ps. 6,7.10).

zu sein. Die Not sei aber so groß, dass *Menschenseele* wegen ihrer Übertretungen gegen *El-Schaddai* und *Immanuel* Tag und Nacht keine Ruhe fände; das habe sie hergetrieben.

Dann warf sich *Erwachte-Sehnsucht* wieder zu den Füßen des Fürsten nieder und rief: »Ach, dass doch *Menschenseele* vor Dir leben möge!« Als *Immanuel* das Bittschreiben gelesen hatte und sich nach einiger Zeit wieder an den Boten wandte, fragte Er ihn nach seinem Namen. »Ach«, antwortete *Erwachte-Sehnsucht,* »was fragst Du nach meinem Namen, der ich doch nichts weiter vor Dir bin als ein toter Hund?! Ich kam im Namen der Einwohner von *Menschenseele,* und wir wissen alle, dass wir uns großer Übertretungen schuldig gemacht haben; aber ich bin gekommen, um Dich um Gnade anzuflehen.«

»Und wer ist dieser dein Begleiter?«, fragte *Immanuel.* Als *Erwachte-Sehnsucht* dessen Namen genannt hatte, fiel auch *Nassauge* auf sein Angesicht zur Erde nieder und stammelte: »Wer ich bin, weiß ich selbst nicht genau, und ob mein Name Wahrheit beinhaltet oder nicht. Der Name ist mir von meinem Vater *Buße* gegeben worden (Lk. 22,62). Aber gute Eltern haben oft böse Kinder. Ich sehe sogar in meinen Tränen Schmutz und Unreinheit, auch in meinen Gebeten und im ganzen Grund meines Herzens.

Aber bitte, gedenke doch unserer Übertretungen nicht und verherrliche Deine Gnade!«

Daraufhin erfolgte die Antwort von *Immanuel*:

> »Die Stadt *Menschenseele* hat sehr gegen Meinen Vater rebelliert. Sie hat Ihn als König verworfen und stattdessen einen Mörder und Lügner als Herrn über sich erwählt. Dieser *Diabolus* hatte einst einen Aufstand gegen Meinen Vater und Mich angezettelt. Er wurde dafür auf ewig verstoßen und in die finstere Grube gesteckt. Doch diesem Lügner und Mörder hat sich *Menschenseele* in die Arme geworfen und ihn als König angenommen. Mein Vater hatte dann ein mächtiges Heer geschickt, um euch zu befreien; aber *Menschenseele* hat gegen unsere Hauptleute revoltiert und die Tore der Stadt verschlossen. Daraufhin bin Ich Selbst gekommen; aber auch Mir gegenüber habt ihr euch feindlich verhalten und Mir die Tore nicht geöffnet.
>
> Und jetzt, wo Ich die Stadt erobert habe, ruft ihr Mich um Hilfe an? Warum habt ihr das nicht getan, als Ich die weiße Flagge gehisst hatte? Nun, wo ich *Diabolus* überwunden habe, kommt ihr, um Gnade zu erbitten?

> Aber – Ich werde eure Bitte überdenken. Geht und überbringt *Boanerges* und *Überführung* den Befehl, dass sie morgen die drei Gefangenen vor Mich ins Feldlager führen, und lasst die Hauptleute *Gericht* und *Ausführung* das Schloss bewachen, damit in *Menschenseele* nichts Böses geschieht!«

Die beiden Boten gingen zur Stadt zurück, während es in ihrem Innern stürmte wegen der Frage, ob der Fürst ihnen wohl Gnade gewähren werde. Sie konnten dann, als sie zu den Gefangenen zurückkamen, nur wenig berichten.

Anfangs erzählten sie nur von dem ersten Teil der Antwort *Immanuels,* nämlich von dem Tadel, den der Fürst wegen der Rebellion der Stadt *Menschenseele* ausgesprochen hatte. Schließlich sagten sie aber doch, *Immanuel* wolle das Bittschreiben genau überprüfen. Dabei stieß *Nassauge* einen tiefen Seufzer aus. Da sanken alle in große Furcht und Traurigkeit.

Aber der alte *Neugierig* (Apg. 17,21) fragte die Boten, ob sie denn auch alles erzählt hätten, was *Immanuel* gesagt habe. Sie antworteten: »Nein, nicht alles.« So berichteten sie nun noch, *Immanuel* habe befohlen, die drei Gefangenen morgen vor Ihm erscheinen zu lassen. Daraufhin stieg aus der ganzen Stadt ein lautes Klagegeschrei zum Himmel auf. *Menschenseele* tat die ganze Nacht Buße; man fastete und betete, wie einst Ninive, in Sack und Asche (Jon. 3,4-5; Ps. 18,5-6; Jer. 14,7). Auch die drei Gefangenen demütigten sich tief, mit zerschlagenem Herzen.

Als dann die Zeit gekommen war, wurden sie in Ketten und Bußgewändern, mit gesenkten Häuptern und Stricken an den Hälsen abgeführt, während sie ihre Augen nicht aufzuheben wagten und sich oft an die Brust schlugen (Lk. 18,13).

Vor dem fürstlichen Feldherrnzelt standen sie still. Als sie vor den Thron des Fürsten geführt wurden, verhüllten sie ihr Gesicht und warfen sich vor *Immanuel* nieder; doch Hauptmann *Boanerges* befahl ihnen auf Geheiß seines Herrn hin, sich zu erheben.

Immanuel begann dann mit ihnen zu sprechen: »Seid ihr die Männer, die früher die Diener von *El-Schaddai* waren?«

»Ja«, antworteten sie kleinlaut.

»Und habt ihr euch von dem abscheulichen *Diabolus* verführen und zum Abfall verleiten lassen?«

»Ach, Herr! Wir taten noch mehr als das; wir wählten ihn zu unserem König!«

»Wärt ihr wohl zufrieden gewesen, wenn diese eure Sklaverei unter seiner Tyrannei euer Leben lang gedauert hätte?«

»Ja, Herr, leider ja, denn seine Wege gefielen unserem Fleisch; wir waren ganz in seiner Gewalt«, antworteten sie (Jer. 13,23).

»Und welche Strafe meint ihr verdient zu haben?«

Sie antworteten: »Den Tod und die Verdammnis, Herr!«

»Habt ihr noch irgendetwas zu eurer Entschuldigung vorzubringen?«

»Nichts, Herr, denn Du bist gerecht; wir aber müssen uns schämen!« (Dan. 9,7; Ps. 51,6).

Danach fragte der Fürst: »Und was bedeuten die Stricke an euren Hälsen?«

»Wir wollen Dir damit zeigen, dass Du uns binden kannst, wenn Du uns keine Gnade erweisen willst«, antworteten sie (1.Kor. 11,31).

»Stimmen alle Einwohner von *Menschenseele* in dieses euer Bekenntnis ein?«, fragte Immanuel.

»Ja, ohne Ausnahme!«, sagten sie. »Aber von den Anhängern des *Diabolus,* die damals mit ihm in die Stadt eingezogen waren, können wir das nicht sagen« (Ps. 139,23-24).

Daraufhin ließ der Fürst durch einen Boten die frohe Kunde durch Sein ganzes Lager ausrufen, dass der Sohn *El-Schaddais* im Namen Seines Vaters und zu dessen Verherrlichung die Stadt *Menschenseele* vollständig besiegt und eingenommen habe; die drei Gefangenen sagten dazu »Amen!«. Da herrschte große Freude im ganzen Heerlager des Fürsten (Lk. 15,10); aber die Einwohner von *Menschenseele* konnten noch nicht alle in den Jubelgesang einstimmen. Doch bald sollten sie es können!

Jetzt verkündete *Immanuel* mit strahlendem Angesicht voller Huld und Freude den zitternden Gefangenen, dass Er von Seinem Vater die Vollmacht empfangen habe, der Stadt *Menschenseele* alle Sünden zu vergeben (Jer. 33,8), und das solle nun Tatsache werden. Er überreichte ihnen einen versiegelten, auf Pergament geschriebenen Gnaden- und Freibrief und befahl ihnen, diesen in der Stadt bekanntzumachen. Die Bußgewänder wurden ihnen abgenommen, und sie empfingen dafür *»Kopfschmuck statt Asche ..., Freudenöl statt Trauer und Feierkleider statt eines betrübten Geistes«* (*Jes. 61,3;* Lk. 15,22).

Den Gefangenen schwanden beinahe die Sinne bei dieser unerwarteten, plötzlichen Begnadigung (Jes. 64,3); ja, Herr *Wille* fiel tatsächlich in Ohnmacht. Aber *Immanuel* fing ihn in Seinen ausgebreiteten Liebesarmen auf und forderte ihn auf, guten Mutes zu sein. Auch die beiden anderen wurden in die Arme genommen, ihre Ketten wurden gelöst und die Stricke zerrissen. Überwältigt vor glückseligem Erstaunen (Ps. 126,1) fielen sie zu den Füßen *Immanuels* nieder, küssten sie und benetzten sie mit Freudentränen.

Hauptmann *Glaube* ging nun vor ihnen her in die Stadt. Er wollte mit seinen zehntausend Mann im Triumphzug (Ps. 98) genau zu der Zeit in *Menschenseele* einmarschieren, wenn *Gewissen* den Begnadigungsbrief dort vorlesen würde. Er überbrachte dann den beiden Hauptleuten *Gericht* und *Ausführung* den Befehl, die Stadt zu verlassen, nachdem sie ihm das feste Schloss eingeräumt hätten.

11

Der Einzug Immanuels in die Stadt Menschenseele

Die Einwohner von *Menschenseele* warteten immer noch voller Furcht auf das, was jetzt geschehen werde. Sie meinten nichts anderes erwarten zu dürfen als den Bericht von der Hinrichtung der drei Vornehmsten aus ihrer Stadt, die vor *Immanuel* erscheinen mussten. Allerdings schwankte man öfters noch zwischen Hoffnung und Furcht hin und her (Jes. 21,11-12; Ps. 14,7). Endlich sahen sie, dass sich von ferne einige Leute ihrer Stadt näherten. Wer könnte das wohl sein? Doch bald konnten sie eine große Menschenmenge erkennen und die drei Gefangenen davon unterscheiden.

Aber ihr könnt euch sicher das Erstaunen vorstellen, als sie diese so schön geschmückt und mit Ehren bekleidet in die Stadt zurückkehren sahen. Hinausgezogen waren sie in Schwarz, nun kamen sie in Weiß gekleidet zurück. Hinausgezogen waren sie mit Stricken an den Hälsen, nun kamen sie mit goldenen Ketten geschmückt zurück. Mit gesenkten Köpfen waren sie hinausgezogen, und mit Musik und Trommelschlag kamen sie wieder.

Da jauchzten die Einwohner von *Menschenseele* so laut, dass die Offiziere des Heeres *Immanuels* von der stürmischen Freude mit fortgerissen wurden

(Jes. 35,10). Es war, als hätte man *Menschenseele* von den Toten zurückerhalten.

»Willkommen! Willkommen!«, riefen sie. »Gepriesen sei Der, der euer Leben verschont hat! Wir sehen, dass nun alles gut mit euch ist; aber – was wird aus unserer Stadt werden?« Der Stadtschreiber und der Bürgermeister antworteten gleichzeitig: »Oh, wir haben eine herrliche Botschaft, eine Botschaft voll Gnade und Heil für dich, du erlöste Stadt *Menschenseele*!«

Da jubelten die Einwohner so laut, dass davon die Erde erbebte. Als die drei Heimgekehrten alles berichtet hatten, was sie im Heerlager *Immanuels* erlebt hatten, bewunderten die Einwohner der Stadt die Weisheit und die Gnade des Fürsten.

Danach ordnete der Stadtschreiber an, dass sich alle Einwohner morgen auf dem Marktplatz versammeln sollten, wo das »Generalpardon«, die völlige Vergebung, vorgelesen werden sollte.

Welch eine Veränderung hatte in *Menschenseele* stattgefunden! Vor Freude konnte in dieser Nacht niemand schlafen. Mit großem Verlangen schaute man nach dem kommenden Morgen aus. Wer hätte jemals gedacht, dass die Gefangenen aufgrund der

Barmherzigkeit des Fürsten *Immanuel* freigesprochen würden?! (Mal. 3,20; Ps. 126,1-3). Das war alles nur möglich durch die Gnade von *El-Schaddai* und von *Immanuel*, Seinem Sohn!

Zur verabredeten Zeit war alles Volk aus der Stadt zusammengeströmt und wartete am *Mundtor*, am Ende des Marktplatzes, auf die Ankunft des Oberbürgermeisters Herrn *Wille*, des Bürgermeisters Herrn *Verstand* und des Stadtschreibers Herrn *Gewissen*. Hier wurden in der Vergangenheit immer die öffentlichen Bekanntmachungen verkündet.

Nachdem der Stadtschreiber mit der Hand gewinkt hatte und die Menge still wurde, las er mit lauter Stimme die Begnadigung vor, bis er zu den folgenden Worten gelangte:

> *»Der HERR, der HERR, der starke Gott, der barmherzig und gnädig ist, langsam zum Zorn und von großer Gnade und Treue; der Tausenden Gnade bewahrt und Schuld, Übertretung und Sünde vergibt ...« (2.Mo. 34,6-7),* wie auch: *»Alle Sünden sollen den Menschenkindern vergeben werden, auch die Lästerungen, womit sie lästern« (Mk. 3,28).*

Als das die Leute vernahmen, brachen sie unter Dankestränen in lauten Lobpreis *Immanuels* aus.

In dem Gnadenbrief standen auch alle Namen der Einwohner von *Menschenseele* und wurden einzeln verlesen; die Siegel *Immanuels* zeigte man allen. Da liefen die Leute auf die Mauern der Stadt, verbeugten sich wohl sieben Mal in Richtung des Zeltes des Fürsten und riefen voller Freude laut: »Ewig herrsche *Immanuel*!« Die Jugendlichen läuteten die Glocken der Stadt, und überall ertönten Lobgesänge (Ps. 98,1-2). Im selben Augenblick hörte *Menschenseele* auch vom Lager *Immanuels* her Trompetenschall. Die Fahnen wurden auf den Hügeln *Gnade* und *Recht* gehisst. Hauptmann *Glaube* ließ ebenfalls seinen Siegesruf hören; er blies auf seiner Trompete von den Zinnen des Palastes herab über die Stadt (1.Joh. 5,4).

Dann ließ der Fürst Seine Hauptleute und Soldaten eine große Parade abhalten. Sie machten das sofort in wunderschöner Ordnung. Mit größter Bewunderung beobachteten dies die Einwohner von *Menschenseele* und prägten sich alles ein (Phil. 3,17; Hebr. 12,1-2).

Daraufhin lief die ganze Stadt ins Heerlager *Immanuels,* um Ihm für Seine Gnade zu danken, Ihn zu loben und Ihn demütig zu bitten, mit Seinen Mannschaften in die Stadt zu kommen und dort Seinen Einzug zu halten. »Wir haben genügend

Platz für Dich, Deine Soldaten und Deine Waffen«, sagten sie. »Ach, dass Du doch auf ewig König und Herr über unsere Stadt *Menschenseele* sein mögest! Wir wollen Deine Diener sein, und Deine Gesetze sollen uns zur Richtschnur dienen (Jos. 24,24; Ps. 91,1-2). Wenn Du Dich nach all diesen Gnadenerweisungen wieder zurückziehen würdest, hätte das den Untergang unserer Stadt *Menschenseele* zur Folge! Wir wissen nur zu gut, dass bis heute noch viele Anhänger des *Diabolus* in der Stadt versteckt geblieben sind (Röm. 6,12). Wenn Du nicht bei uns bleibst, werden sie uns wieder betrügen und in die Hände des *Diabolus* überliefern. Wir fänden es schrecklich, aufs Neue in seine grausamen Klauen zu geraten. Ach, komm doch und zieh in unseren Palast ein! Die besten Bürger unserer Stadt sind zur Aufnahme Deiner Soldaten bereit.«

»Wollt ihr euch Mir ganz hingeben (Spr. 23,26) und versprechen, fortan das zu tun, was in Meinem Herzen ist, und gegen eure und Meine Feinde aufzustehen?«, fragte der Fürst.

»Ach, möge doch der Fürst in unserem Schloss wohnen! Verlass Dich aber nicht auf uns (2.Kor. 3,5; Joh. 15,5), denn wir sind in der Vergangenheit zu solchen Verrätern gegen *El-Schaddai* geworden. Überwinde Du uns mit Deiner Liebe und Gnade;

bewahre Du uns vor Sünde und lehre uns, Deiner Majestät zu dienen!« (Eph. 6,10-14; Ps. 139,24).

Darauf antwortete *Immanuel*: »Ich will auf eure Bitte eingehen. Morgen werde Ich meine ganze Streitmacht vor dem *Ohrtor* zusammenziehen und danach in die Stadt einmarschieren. Ich werde in euren Palast einziehen (Joh. 14,23; Gal. 2,20), und Ich werde in *Menschenseele* Dinge tun, wie sie noch in keinem anderen Volk und Land geschehen sind« (Joh. 14,12).

Voller Freude eilten die Bewohner von *Menschenseele* hinaus in den Wald und auf die Wiesen, schnitten von Bäumen und Sträuchern grüne Zweige ab und sammelten Blumen, um die Straße vom *Augentor* bis zum Schlosstor für die Ankunft *Immanuels* zu schmücken und zu bestreuen (Mt. 21,8-10). Die Tore wurden für Ihn geöffnet, und die Ältesten der Stadt standen bereit, um Ihn dort mit großem Jubel willkommen zu heißen.

Als der Fürst eintraf (Ps. 24), war Er mit einer goldenen Waffenrüstung bekleidet und fuhr auf dem königlichen Triumphwagen, umringt von Seinen Trompetern. Die Fahnen wehten, und Seine Zehntausende folgten Ihm nach. Die Ältesten der Stadt zogen voller Freude vor Ihm her, und die Einwohner standen überall auf den Mauern und Dächern, um den prächtigen Einzug ihres hochgelobten Fürsten zu bewundern und Ihm zuzujubeln (Ps. 98,4-6).

Sobald Er bei dem Haus des Stadtschreibers angekommen war, wurde Hauptmann *Glaube* in dem dicht daneben liegenden Palast gefragt, ob alles dort bereitgemacht sei zur Aufnahme Seiner königlichen Hoheit. Er kam sofort und begleitete mit seiner Mannschaft den Fürsten in das Schloss (Eph. 3,17).

Die Einwohner von *Menschenseele* waren eifrig bemüht, den Hauptleuten und Soldaten *Immanuels* in ihren Häusern eine Unterkunft zu bereiten. Sie erachteten es für eine große Ehre, Seine Soldaten beherbergen zu dürfen.

So kam es, dass Hauptmann *Unschuld* bei Herrn *Vernunft* einzog und Hauptmann *Geduld* bei Herrn *Gemüt*, der zur Zeit des Aufstands der Schreiber von Herrn *Wille* war. Hauptmann *Liebe* zog bei Herrn *Gemütsbewegung* ein und Hauptmann *Gute-Hoffnung* bei dem Bürgermeister *Verstand*. Der Fürst Selbst bestimmte, dass die Hauptleute *Boanerges* und *Überführung* beim Stadtschreiber *Gewissen* einziehen sollten, weil dessen Haus am nächsten am Palast lag; so konnte von ihnen immer rechtzeitig Alarm geblasen werden. Die Hauptleute *Gericht* und *Ausführung* lud Herr *Wille* mit ihrer ganzen Mannschaft dringend zu sich ein, denn er wollte dem Fürsten unbedingt beweisen, dass er Ihm ganz ergeben sei (Röm. 6,19). Die übrige Streitmacht des Königssohnes wurde in den Häusern der Stadt verteilt. Hauptmann *Glaube* blieb mit seiner Schar im Schloss, weil er unter der direkten Leitung *Immanuels* die Stadt zu Seinem Wohlgefallen regieren sollte (Hebr. 11,6).

Die Ältesten der Stadt baten *Immanuel,* auf ewig hier bei ihnen zu wohnen und die Straßen, Häuser und alle Einwohner von *Menschenseele* zu besuchen. »Denn«, so sagten sie, »Deine Gegenwart, Dein freundliches Angesicht und Dein Wort sind die Quelle unserer Freude und bedeuten für uns das Leben!« (Ps. 36,10). Auch baten sie darum, jederzeit Zugang zu Ihm, die Sonne der Gnade, haben zu dürfen. So nahm Er alle Riegel von den Toren des Palastes, damit man allezeit Ihm nahen könne (Mt. 11,28; Hebr. 10,19-22). Es war schon so: Wenn *Immanuel* sprach, lauschten die Einwohner, und wenn Er sich zeigte, wurden sie hoch erfreut und folgten Seinen Fußspuren (1.Pt. 2,21).

Zu bestimmten Zeiten bereitete *Immanuel* ein Festmahl für alle, die zu *Menschenseele* gehörten; sie konnten zum Palast kommen und sich erquicken. Da wurden wunderbare Speisen serviert, Speisen aus dem Palast Seines Vaters, die sonst nirgends in der Welt zu finden waren (Joh. 6,51). Erstaunt fragte man stets: »Was ist das wohl?« (2.Mo. 16,14-15; Ps. 78,24-25). Alle wurden mit Nahrung und Fröhlichkeit gesättigt und mit Wasser des Lebens getränkt (Ps. 36,9; Joh. 4,14).

Nach der Mahlzeit unterhielt *Immanuel* die Stadt mit wundersamen Rätseln. Da gab es Geheimnisse, die der Sekretär Seines Vaters aufgeschrieben hatte (2.Pt. 1,21; Lk. 8,10). Die Rätsel handelten immer von *El-Schaddai* und von Seinem Sohn in Seinem Umgang mit der Stadt *Menschenseele.* Manche dieser Rätsel erklärte *Immanuel* Selbst. Oh, wieviel Einsicht gewannen die Einwohner von *Menschenseele* in viele Dinge, die sie früher nie verstanden hatten! Man erkannte den Fürsten in ganz verschiedenen Schattenbildern (Kol. 2,17): in dem Lamm und dem Opfer, in der roten jungen Kuh, in der Tür, und so weiter (Joh. 1,29; Hebr. 9,13-14; Joh. 10,7).

Wie froh waren die Einwohner der Stadt! Als sie wieder in ihren Häusern waren, sannen sie nochmal über alles nach; ihre Gedanken, Gespräche und Lieder drehten sich ständig um *Immanuels* Herrlichkeit, den sie lobten und priesen.

Der Fürst traf auch Vorkehrungen, um das Heil der Stadtbewohner bewahren zu können; ihre inneren und äußeren Feinde mussten weiterhin bekämpft werden. Die großen Wurfmaschinen, die Er vom Hof Seines Vaters mitgebracht hatte, wurden aufgestellt: einige auf den Zinnen des Palastes (Jes. 40,9), andere auf den Türmen, die *Immanuel* seit Seinem Einzug neu aufgebaut hatte.

Eine besondere Wurfmaschine hatte der Fürst Selbst wundervoll zubereitet; sie wurde oben auf das Schloss gestellt. Damit konnte man durch das *Mundtor* Steine hinausschleudern (Röm. 8,26). Dieses geheimnisvolle Gerät wurde dem tapferen Hauptmann *Glaube* direkt zur Überwachung unterstellt. Er sollte es im Kriegsfall bedienen. Herr *Wille* erhielt wieder Befehlsgewalt über die Tore, Türme und Mauern von *Menschenseele*. Er sollte auch, sobald er Anhänger des *Diabolus* entdeckte, die sich noch in der Stadt versteckt hielten, sie sofort töten oder gefangen nehmen, um gemäß dem Gesetz mit ihnen verfahren zu können (Hl. 2,15).

Herr *Verstand* wurde wieder in sein altes Amt als Bürgermeister eingesetzt. Er erhielt den Befehl, sich dicht am *Augentor* eine Wohnung zu bauen und sie so zu befestigen, dass er sie leicht verteidigen konnte.

Er wurde auch verpflichtet, bis ans Ende seines Lebens sein Amt treu auszuüben und dafür Tag für Tag fleißig in dem Buch zu forschen, in welchem die Gesetze und Geheimnisse des Reiches offenbart waren, damit er immer besser erkennen könne, wie sein Amt recht zu führen sei. Herr *Erkenntnis* wurde zum neuen Stadtschreiber ernannt; denn für Herrn *Gewissen,* der früher dieses Amt ausgeführt hatte, sah der Fürst für die Zukunft eine andere Aufgabe vor, von der er später mehr erfahren sollte.

Außerdem wurde das schreckliche Bild des *Diabolus* vom Marktplatz entfernt. Es wurde zu Pulver zermalmt und draußen vor den Stadtmauern in den Wind zerstreut. Stattdessen wurde das Ebenbild von *El-Schaddai* und das Seines Sohnes über den Toren der Stadt wieder aufgestellt (Eph. 4,22-24). Diese Bilder erstrahlten jetzt noch viel schöner als je zuvor. Die Namen von *El-Schaddai* und von Seinem Sohn wurden mit reinstem Gold auf die Stadtmauern eingraviert.

12

Die vornehmsten Diabolianer werden gefangen gesetzt

Obwohl nun *Immanuel* wieder von der Stadt Besitz ergriffen hatte, lebten doch immer noch die *Diabolianer* darin. Deshalb musste ein klares Urteil über sie gefällt und die verdiente Strafe an ihnen vollzogen werden. Um sie aus ihren Schlupfwinkeln hervorzuziehen, befahl der Fürst, die von ihnen in *Menschenseele* erbauten Burgen zu zerstören (2.Kor. 10,4-5) und den Schutt wegzuräumen. Bei dieser schweren Arbeit kamen die *Diabolianer* wie Ungeziefer hervor. Die drei vornehmsten von ihnen wurden sofort gefangen genommen und in sichere Verwahrung abgeführt. Dazu gehörten die Herren *Unglaube, Lüstling* und *Vergiss-das-Gute*[1], wie auch ihre Ratsherren: die Herren *Atheist, Hartherz, Falscher-Friede, Unwahrheit, Unbarmherzig* und *Hochmut*. Herr *Wille* ergriff sie mit fester Hand und brachte sie zu dem Gefängniswärter *Treuherz,* der sie gut bewachen sollte.

Danach befahl *Immanuel* sofort, die gefangenen *Diabolianer* vor den Gerichtshof zu führen, der nun in *Menschenseele* gebildet wurde.

---

1 Die ersten zwei waren unter Diabolus Bürgermeister, der letzte war Stadtschreiber.

Zu den Richtern und Schreibern wurden als Geschworene außer dem Bürgermeister Herrn *Verstand* und dem neuen Stadtschreiber Herrn *Erkenntnis* die folgenden Herren ernannt: *Glaube, Treuherz, Aufrichtig, Hasse-Böses, Liebe-zu-Gott, Blick-für-die-Wahrheit, Himmlisch-gesinnt, Besonnen, Dankbar, Demütig, Gute-Werke* und *Eifer-für-Gott*.

Als Zeugen fungierten die Herren *Weiß-alles, Wahrheitssprecher* und *Lügenhasser,* wie auch Herr *Wille*.

Kurz danach führte Herr *Treuherz* die Gefangenen aneinandergefesselt vor die Richter. Der Beamte Herr *Tue-recht* rief einen nach dem anderen vor das Hohe Gericht.

1.

Zuerst wurde Herr *Atheist* angeklagt. »Herr *Atheist*, du wirst beschuldigt, mit böser Absicht in der Stadt gelehrt zu haben, es gebe keinen Gott (Ps. 14,1), und dass du diese Behauptung immer noch aufrechterhältst. Was hast du zu dieser Anklage zu sagen?«

»Ich bin unschuldig«, gab dieser zur Antwort.

Daraufhin wurden die Zeugen in den Zeugenstand gerufen. Herr *Weiß-alles* wurde als Erster aufgefordert, auszusagen. »Ich war früher oft in seiner Gesellschaft und habe ihn in der *Lasterstraße* sagen gehört, er glaube nicht, dass es einen Gott gebe.«

Herr *Wahrheitssprecher* bestätigte das: »Ich habe gehört, wie er behauptete, es gebe weder einen Gott noch Engel. So redete er in der *Schwarzmundgasse,* in der *Lästererstraße* und an mehreren anderen Stellen.«

Der dritte Zeuge, Herr *Lügenhasser,* ergänzte: »Herr *Atheist* ist einer von den verwerflichsten Menschen. Ich habe ebenfalls aus seinem Munde gehört, es gebe keinen Gott. Auch meinte er, es gebe keine zukünftige Welt (Apg. 23,8), weder Sünde noch Strafe. Das hat er in der *Trunkenboldstraße,* am Ende der *Schurkengasse,* gesagt, an einem Haus, in welchem Herr *Gottlosigkeit* wohnte.«

2.

Dann wurde Herr *Lüstling* (Jak. 1,14-15) vorgeführt. »Herr *Lüstling,* du wirst angeklagt, in der Stadt in Wort und Tat gelehrt zu haben, es sei erlaubt und sogar nützlich, wenn man seinen fleischlichen Lüsten nachgebe. Was hast du zu deiner Verteidigung zu sagen?«

»Ich bin ein vornehmer Mann (Lk. 16,19)«, brachte *Lüstling* vor, »und von Jugend auf daran gewöhnt, immer im Vergnügen und angenehmem Zeitvertreib zu leben (1.Kor. 15,32). Man hat es mir immer überlassen, das zu tun, was ich gerade wollte. Ich kann daran keine Schuld erkennen.«

Weiß-alles wurde als Zeuge aufgerufen. »Ich kenne die ganze Familie dieses Mannes. Er ist der Sohn von *Viehisch;* seine Mutter, eine Tochter von *Böse-Lust,* brachte ihn auf dem *Fleischesweg* zur Welt (Gal. 5,17). Er selbst hat sich des Fluchens, des Lügens, der Sonntagsentheiligung, der Unzucht und Unreinheit schuldig gemacht – und das in der ganzen Stadt.« *Wahrheitssprecher* stimmte diesem Zeugnis zu.

Lüstling wurde zu einer Antwort aufgefordert. Diese lautete: »Ich war immer der Meinung, das glücklichste Leben führe derjenige, der sich nichts versage, was er begehre« (Jes. 56,12).

»Damit hat er sich durch seine eigenen Worte verurteilt. Führt ihn ab!«

3.

Herr *Unglaube* kam als Nächster an die Reihe. »Herr *Unglaube,* uns liegt die Anklage vor, dass du den Hauptleuten des Königs *El-Schaddai* Widerstand geleistet, Seinen Namen, Seine Streitkräfte und Forderungen verhöhnt und die Einwohner von *Menschenseele* gegen Ihn aufgehetzt hast. Sage an, hast du dich dessen schuldig gemacht?«

Unglaube erwiderte daraufhin: »Ich kenne *El-Schaddai* nicht (2.Mo. 5,2), und ich liebe meinen alten Fürsten *Diabolus.* Diese Haltung will ich auch nicht ändern.«

Daraufhin hielt ihn der Gerichtshof für unverbesserlich, weil er mit solch sturen und selbstsicheren Worten seine Rebellion verteidigte.

4.

Herr *Vergiss-das-Gute* wurde anschließend hereingeführt. »Du, Herr *Vergiss-das-Gute,* wirst beschuldigt, dich in *Menschenseele* eingeschlichen und alles Gute aus dem Sinn geschlagen zu haben, als die Angelegenheiten der Stadt in deiner Hand waren. Anstatt im Guten zu dienen, hast du dich im Gegenteil sogleich dem *Diabolus* zur Verfügung gestellt. Bist du schuldig oder nicht?«

Vergiss-das-Gute schob die Anklage von sich: »Wegen meines Alters ist mein Gedächtnis schwach. Ich bitte euch, mich nicht zu verklagen, absichtlich etwas Böses getan zu haben.«

Doch das Gericht urteilte: »*Vergiss-das-Gute,* du hast es sehr wohl täglich mit Absicht getan, und du hattest immer eine Abscheu gegen alle guten Gedanken und Vorsätze, weshalb du sie gern vergisst. Was schlecht ist, konntest du gut behalten; aber das Gute war dir zuwider.«

Nun wurden wieder die Zeugen aufgerufen. *Lügenhasser* ergriff das Wort: »Ich habe ihn tatsächlich selbst aussprechen hören, dass er es nie, nicht einmal eine Viertelstunde lang ertragen könne, an Gutes zu denken, und das in der *Straße-aller-Schlechtigkeit,* gleich bei der Herberge *Zum-verhärteten-Gewissen* (1.Tim. 4,2).

Weiß-alles fügte hinzu: »Ich habe mehrfach gehört, wie er sagte, an etwas Gutes zu denken sei für ihn das Schlimmste der Welt. Das hat er in der *Gasse-der-Fleischlichkeit* ausgesprochen.«

Wahrheitssprecher pflichtete ihm bei: »Oft sagte er, er denke viel lieber über das allerschlechteste Zeug nach als über einen Bibelvers. An vielen Orten hat er das wiederholt, besonders in der Straße *Ekelhaft*, in der Gastwirtschaft von *Schamlos* und in der *Kotgasse*, wo der Weg hinabführt in die *Grube-des-Verderbens*.«

5.

Der Nächste, der vor das Gericht geführt wurde, war Herr *Hartherz*. »Herr *Hartherz*, du wirst angeklagt, die Stadt *Menschenseele* mit Unbußfertigkeit und Verstocktheit erfüllt zu haben. Damit hast du verhindert, dass die Einwohner wegen ihrer bösen Taten Reue zeigten und Leid trugen.«

Hartherz antwortete frech: »Ich habe nie etwas von Gewissensbissen und Buße, Reue und Leidtragen erlebt. Ich bin hart wie ein Stein, ich war nie zu erweichen; und kein Kummer eines Menschen kann mich bewegen«, sagte er.

Der Gerichtshof stellte fest: »Damit hat dieser *Diabolianer* sich selbst verurteilt.«

6.

Jetzt kam Herr *Falscher-Friede* an die Reihe. »Herr *Falscher-Friede,* bei dem Abfall und in der Rebellion hast du die Stadt *Menschenseele* in gefährlichem Scheinfrieden und in tödlicher Sicherheit gewiegt«, lautete die Anklage.

Er antwortete darauf: »Ich weiß, dass mein Name *Friede* ist; aber ich leugne aus allen Kräften, dass ich *Falscher-Friede* heißen sollte. Sobald ich jemand mit einem beunruhigten Gemüt erblickte, habe ich ihn zu trösten versucht. Das habe ich zum Beispiel getan, als wir von *El-Schaddai* abgefallen waren und einige darüber beunruhigt waren. Dann habe ich sofort Mittel ersonnen, wie man sie wieder besänftigen könne. Genauso machte ich es, wenn sich die Einwohner wegen der Gewohnheiten der alten Welt und wegen der Zustände wie in Sodom ängstigten. Und als das Heer von *El-Schaddai Menschenseele* angriff und sich einige Einwohner aus der Stadt fürchteten, sie könnte untergehen, habe ich immer wieder Mittel erfunden, um sie zu beruhigen. Wie könnt ihr mich dann verurteilen, wo ich doch ein rechter Friedensstifter bin?!«

Danach wurde gefragt, ob es Zeugen gebe, die berichten könnten, wie die wahre Praxis des Herrn *Falscher-Friede* aussehe.

Zwei Zeugen gingen nach vorn, nämlich Herr *Wahrheitssucher* und Herr *Wahrheitszeuge*. Zunächst legten sie den Eid ab.

Dann erzählte *Wahrheitssucher*: »Ich habe den Vater von *Falscher-Friede* gekannt, Herrn *Schmeichler*, und seine Mutter hieß vor ihrer Heirat Frau *Verzärtelung*. Die beiden haben ihren Sohn bei seiner Geburt tatsächlich *Falscher-Friede* genannt und ihn seitdem immerzu verhätschelt.«

Auch *Wahrheitszeuge* sagte aus: »Ich bezeuge, dass alles, was *Wahrheitssucher* gesagt hat, auf der Wahrheit beruht.«

Auf dieses Zeugnis hin erklärte der Gerichtshof, *Falscher-Friede* habe der Stadt in der Tat viel Schaden zugefügt. »Der Friede, zu dem du die Menschen verleitet hast, ist nicht der Friede, der mit Wahrheit und Heiligkeit im Bund steht, sondern der sich auf Lügen gründet. Er ist darum betrügerisch und verwerflich« (Jer. 6,14; 1.Thess. 5,3; Jes. 48,22).

Weiß-alles stimmte dieser Anklage zu: »*Falscher-Friede* hat die Stadt in sündiger Ruhe gehalten, inmitten von Wollust, Unreinheit und Auflehnung gegen *El-Schaddai*. Er selbst rief aus: ›Friede um jeden Preis – auch wenn es ein erlogener Friede ist!‹«

Auch *Lügenhasser* hatte ihn so beim Haus von Herrn *Dummheit* reden hören, im *Narrenhof,* neben dem Wirtshaus *Selbstbetrug.*

Diese Zeugenaussagen genügten, und *Falscher-Friede* wurde ins Gefängnis zurückgeschickt.

7.

Nun brachte man Herrn *Unwahrheit* vors Gericht. »Herr *Unwahrheit,* man beschuldigt dich, alle Reste der Gesetze und des Bildes von *El-Schaddai,* die in der Stadt noch gefunden wurden, geschändet und verdorben und die *Menschenseele* somit ruiniert zu haben« (Röm. 1,25).

Unwahrheit stritt alles entschieden ab. Doch *Weiß-alles* wusste es besser: »Ich war selbst Zeuge davon, wie *Unwahrheit* auf Befehl des *Diabolus* mit eigenen Händen das Bild von *El-Schaddai* herabriss und an dessen Stelle dann das Bild des gehörnten Tieres, des *Diabolus,* aufstellte (Off. 12,3; 13,1.11). Was noch von den Gesetzen von *El-Schaddai* übrig geblieben war, hat er zerfetzt.«

Lügenhasser bestätigte das und fügte hinzu: »Dazu hat er das in aller Öffentlichkeit getan.«

Als man *Unwahrheit* fragte, was er dagegen vorzubringen hätte, versuchte er sich noch irgendwie herauszureden: »Ich meine halt immer, etwas sagen zu müssen; und wie mein Name ist, so rede ich auch immer und überall.«

Auch dieser Verbrecher wurde als schuldig abgeführt.

8.

Herr *Unbarmherzig* war der Nächste. »Herr *Unbarmherzig,* du hast dich auf listige Weise in *Menschenseele* hineingedrängt und wolltest nicht, dass die Einwohner dieser Stadt ihr eigenes Elend, die Folge ihres Abfalls von ihrem rechtmäßigen König, beweinen sollten. Stattdessen hast du ihre Gedanken immer wieder davon abgewandt, wenn sie gern Buße getan hätten«, so lautete die Anklageschrift.

Unbarmherzig wehrte diese Anklage ab: »Mein Name lautet nicht *Unbarmherzig,* sondern *Frohsinn.* Ich konnte es nicht ertragen, wenn die Einwohner von *Menschenseele* so trübsinnig gestimmt waren.«

Aber Zeuge *Weiß-alles* bestritt dies: »Der Name *Unbarmherzig* ist sehr wohl der richtige; mit diesem Namen hat er selbst alle wichtigen Dokumente unterschrieben. Doch die Anhänger des *Diabolus* nehmen gern erdichtete Namen an.«

Auch *Lügenhasser* bezeugte, dass er *Unbarmherzig* von Kind an unter diesem Namen gekannt habe.

9.

Zum Schluss wurde Herr *Hochmütig* vorgeführt. »Herr *Hochmütig*, du hast die Stadt dazu angestiftet, hochmütig und trotzig die Aufforderungen der Hauptleute von *El-Schaddai* leichtfertig beiseitezuschieben und sich stolz darüber zu erheben. Du hast die Bewohner von *Menschenseele* dazu verführt, verächtlich und lästerlich über den großen König *El-Schaddai* zu reden, und sie aufgerufen, die Waffen gegen Ihn zu ergreifen.«

Zur Verteidigung führte *Hochmütig* an: »Ich bin von jeher ein Mensch von Mut und Tapferkeit gewesen und habe auch bei größten Schwierigkeiten meinen Kopf nicht beugen lassen. Ich hatte auch nie lange darüber nachgedacht, was für einen Feind ich vor mir hatte, sondern habe tapfer gekämpft.«

»Aber mit deiner Unbeugsamkeit und vermeintlichen Tapferkeit, mit deinem Trotz hast du sehr wohl die Stadt *Menschenseele* zur Rebellion gegen ihren König angefeuert«, erwiderten die Richter.

Darauf konnte *Hochmütig* nichts mehr vorbringen und wurde wieder abgeführt.

Als alle Gefangenen verhört waren, überließ das Gericht die Urteilsfindung den Geschworenen.

Nachdem sie sich zur Beratung zurückgezogen hatten, kamen sie schon bald zu einem einvernehmlichen Urteil über die Angeklagten, das der Vorsitzende, Herr *Glaube,* im Namen aller aussprach: »Schuldig!«

Schon am Mittag desselben Tages vernahmen die Gefangenen ihr Urteil: Nach dem Gesetz waren sie alle des Todes schuldig. Der Gefängniswärter wurde beauftragt, sie bis zum folgenden Morgen, an dem das Urteil vollstreckt werden sollte, im innersten Gefängnis sicher zu verwahren.

Doch einem der Gefangenen gelang es in dieser kurzen Zeit, zu entkommen. Es war Herr *Unglaube.* Dieser versteckte sich außerhalb der Stadt an einer Stelle, von der aus er hoffte, bei einer günstigen

Gelegenheit wieder in die Stadt eindringen zu können, um sich für die an ihm begangene Behandlung zu rächen.

Als der Gefängniswärter das Fehlen dieses Gefangenen feststellte, war er sehr unglücklich darüber, weil der Entflohene gerade der schlimmste aller *Diabolianer* war. Man suchte überall nach ihm; aber er war nirgends aufzufinden. Als er *Diabolus* ausfindig gemacht hatte, erzählte er ihm, wie sich alles in *Menschenseele* verändert habe. »Dein Bild, *Diabolus,* hat man umgestürzt, und *Immanuel* hat Sein eigenes Bild wieder aufgerichtet! Herr *Wille,* der bisher dein Diener war, ist nun *Immanuels* Günstling und hat den Sonderbefehl erhalten, alle *Diabolianer* gefangen zu nehmen und umzubringen. Acht deiner besten Diener sind schon getötet worden; ich allein bin entkommen!«

Diabolus brüllte vor Wut, als er das alles hörte. Er schwor sich, die Toten an der Stadt *Menschenseele* zu rächen. Zusammen mit *Unglaube* sann er auf Rache.

In der Stadt *Menschenseele* wurden indessen die Verurteilten auf dem Hinrichtungsplatz beim Kreuz aufgestellt. *Immanuel* hatte befohlen, die Einwohner von *Menschenseele* sollten als Zeichen ihrer Treue Ihm gegenüber selbst das Urteil vollstrecken (Kol. 3,5; Gal. 5,24). Das stellte sich als eine schwierige

Aufgabe heraus, denn die Gefangenen leisteten bis zuletzt äußersten Widerstand. Darum mussten die Stadtbewohner *Immanuel* um Hilfe anrufen, denn sie waren allein nicht in der Lage, die Verbrecher zu töten.

13

Immanuel stellt die Ordnung in Menschenseele wieder her

Mit dem Beistand des auf ihr Rufen herbeigeeilten *Höchsten Beraters* war es *Menschenseele* gelungen, die übrig gebliebenen Vornehmsten der *Diabolianer* hinzurichten (Röm. 8,13). Daraufhin bezeugte *Immanuel* den Stadtbewohnern Sein Wohlgefallen und Seine Freude darüber, dass sie Seinen Willen so gehorsam ausgeführt hatten, und betrachtete dies als Liebesbeweis Seiner Person gegenüber.

Er ließ in der Stadt den jungen Herrn *Erfahrung* (Phil. 1,9; Röm. 5,4) als Hauptmann über tausend Mann ausrufen und unterstellte ihn dem edlen Hauptmann *Glaube* als Diener. Jeder in der Stadt war mit dieser Ernennung hoch zufrieden, und man lobte *Immanuel* mit dem Zuruf: »*Immanuel* möge leben!« Die vornehmsten Bürger der Stadt ließen ihre Söhne bei Hauptmann *Erfahrung* anstellen. *Geschickt* und *Gedächtnis* wurden seine Unteroffiziere. Sein Wappen zeigte einen toten Löwen und einen toten Bären (1.Sam. 17,36).

Der Fürst kehrte jetzt in Seinen Palast zurück. Dorthin kamen sogleich auch die Ältesten der Stadt, der Oberbürgermeister Herr *Wille,* der Stadtschreiber Herr *Erkenntnis,* und der Bürgermeister Herr *Verstand,* um *Immanuel* ihre Glückwünsche darzubringen und Ihm zu danken für die Errettung und Begnadigung der Ihm nun auf ewig verbundenen Stadt *Menschenseele* (Kol. 1,12-13).

Fürst *Immanuel* kündigte danach an, Er wolle der Stadt ganz neue Privilegien (Vorrechte) erteilen. Es sollte ein Neuer Bund aufgerichtet werden, denn der erste war veraltet; *»was aber veraltet ist und sich überlebt hat, das wird bald verschwinden« (Hebr. 8,10-13).*

Eine Kurzfassung des Neuen Bundes lautete so:

1. Freie, volle und ewig gültige Vergebung aller Sünden und Übertretungen, die gegen Meinen Vater, Mich, den Nächsten und gegen sich selbst begangen wurden (Eph. 1,7).

2. Ich mache Meinen Bund mit der Stadt und schenke ihr Mein Wort als dauerhaften Trost (Jer. 31,33).

3. Ich gebe ihnen Anteil an der Gnade und Güte, die im Herzen Meines Vaters und in Meinem eigenen wohnen, sodass sie göttlicher Natur teilhaftig sind (2.Pt. 1,4).

4. Ich gebe ihnen die Welt und alles, was in ihr ist; denn »alles gehört euch« (1.Kor. 3,21-23).

5. Ich gebe ihnen für immer freien Zugang zu Meinem Palast, um dort ihre Anliegen kundwerden zu lassen. Und Ich werde hören und ihnen helfen (Eph. 3,12; 2.Tim. 4,18).

6. Ich verleihe der Stadt die Vollmacht, alle *Diabolianer,* die noch darin übrig geblieben sind, auszurotten (Lk. 10,19; Röm. 6,12).

7. Diese Privilegien gelten allein den echten Stadtbewohnern. Fremdlinge sind von diesen Freiheiten ausgeschlossen!

Diese Vorrechte wurden danach an den Stadttoren eingraviert und mit Gold ausgelegt, sodass jeder Einwohner von *Menschenseele* sie häufig lesen konnte. Die Freude in der Stadt war unbeschreiblich.

Daraufhin rief Fürst *Immanuel* die Ältesten der Stadt wieder zu sich und sprach mit ihnen über die Anstellung eines Lehrers. »Denn«, so sagte Er, »ihr könnt von euch selbst her nicht wissen, was der *Wille* Meines Vaters ist« (Röm. 10,13-17).

Dieses Versprechen löste in der Stadt große Freude aus, und einmütig flehte man Fürst *Immanuel* an, ihnen bald einen Lehrer zu geben. Dieser sagte ihnen, dass sie jemanden vom Hof des Königs bekommen würden: den *Höchsten Berater* Seines Hauses. »Der kennt alle Geheimnisse; denn Er ist von gleichem Rang wie Mein Vater und Ich (2.Pt. 1,21). Keiner kann so wunderbar zeugen von der Liebe des Vaters zu euch, sodass diese Liebe gleichsam ausgegossen wird in eure Herzen« (Röm. 5,5).

Außerdem sagte *Immanuel:* »Dieser muss für euch der wichtigste Lehrer sein. *›Denn wer von den Menschen kennt die [Gedanken] des Menschen als nur der Geist des Menschen, der in ihm ist? So kennt auch niemand die [Gedanken] Gottes als nur der Geist Gottes‹ (1.Kor. 2,11).*

Er wird euch auch wieder an alles erinnern, was ihr vergessen habt (Joh. 14,26; 16,13). Der *Höchste Berater,* dieser wunderbare Lehrer, ist es auch, der eure Herzen im Glauben gewiss macht (1.Thess. 1,5); auch lehrt Er euch, was und wie ihr Meinen Vater bitten sollt (Röm. 8,26). Passt daher gut auf, dass ihr Ihn nicht betrübt, durch den ihr ja das Siegel zu eurer ewigen Erlösung empfangen habt!« (Eph. 4,30).

Danach stellte Fürst *Immanuel* auch noch Herrn *Gewissen* als Prediger in der Stadt *Menschenseele* an, der sich selbst aber auch von dem *Höchsten Berater* aus dem himmlischen Königshof unterweisen lassen musste. *Immanuel* sagte ihm: »Geh zu dem großen Lehrer, bitte Ihn um Unterweisung in allen übernatürlichen Dingen, und denke immer niedrig von dir! Du bist auf der Erde nur der Vizeregent Meines Vaters. Benutze deine Autorität, um *Menschenseele* in den sittlichen Gesetzen zu belehren, zu ermahnen und zu strafen, wenn sie nicht hören will. Geh selbst immer wieder zu der Quelle des lebendigen Wassers! Ich werde dir erleuchtete Augen geben und dein Gedächtnis stärken, damit du alles behalten kannst, was der große Schreiber des Himmels, der *Höchste Berater,* dich lehren wird« (2.Kor. 4,6).

Fürst *Immanuel* richtete sich auch an die Einwohner von *Menschenseele* und wies sie auf das große Vorrecht hin, dass sie nun in Herrn *Gewissen* einen Prediger in der Stadt hatten, der ihnen von oben her eingesetzt war. Doch er war ganz darauf angewiesen, dass der *Höchste Berater* ihm alle Geheimnisse erklären musste. »Wacht darüber, dass Herr *Gewissen* nun als Prediger keine andere Lehre bringt als die, die er von dem *Höchsten Berater* empfangen hat!«

Danach wies *Immanuel* darauf hin, dass die Hauptleute von *El-Schaddai,* die jetzt in der Stadt lebten, gut behandelt werden mussten. »Es sind auserwählte Männer; geht nicht unhöflich mit ihnen um! Wenn man sich ihnen widersetzt, könnten sie entmutigt werden, und das würde sie schwächen. Habt sie lieb, unterstützt sie, stärkt sie und lasst euch von ihnen leiten; dann werden sie die übrig gebliebenen *Diabolianer* vertreiben (2.Pt. 1,3-8; 1.Tim. 6,12). Wenn sie einmal schwach oder krank sind (1.Kö. 19,4), dann pflegt und ermutigt sie; denn sie wachen über euch« (Hebr. 13,17).

Dann band *Immanuel* noch liebevoll den Einwohnern von *Menschenseele* eine Warnung auf das Herz:

»Es ist notwendig, dass Ich euch vor den übrig gebliebenen *Diabolianern* in der Stadt warne. Sie sind frecher und unversöhnlicher als je zuvor; sie suchen eifrig nach vielerlei Mitteln, um euch mutlos und trostlos zu machen. Immerhin sind sie die verschworenen Freunde des *Diabolus*. Jetzt, während Ich noch in der Stadt bin, wohnen sie zwar nicht auf dem Schloss, aber sie haben sich in Ecken und Löchern an der Stadtmauer versteckt, wo sie auf der Lauer liegen (Röm. 13,14; Ps. 139,23-24).

Ach, ergreift sie doch und kreuzigt sie, gemäß dem Willen Meines Vaters!

Sicher könnt ihr sie nicht vollständig loswerden; aber seid ständig auf der Hut vor ihnen (1.Pt. 5,8). Spürt ihre Verstecke auf, wenn ihr mit Mir im Frieden bleiben wollt. Alle Friedensangebote ihrerseits müsst ihr entschieden von euch weisen!

Die gefährlichsten dieser *Diabolianer* sind: *Hurerei, Ehebruch, Mord, Neid, Leichtsinn, Wollust, Betrug, Trunkenheit, Völlerei, Götzendienst, Zauberei, Uneinigkeit, Eifersucht, Zorn, Empörung* und *Irrlehre.* In dem Wort eures Königs könnt ihr Genaueres über sie lesen. Sie können sehr große Verwüstungen anrichten. O *Menschenseele,* gebraucht eure Vollmacht, um sie aufzuspüren und öffentlich hinzurichten (Kol. 3,5; Gal. 5,24)!

Meine vier obersten Hauptleute können euch hierfür gute Belehrung erteilen (Apg. 20,20; Hebr. 10,25). Schont die Feinde nicht; denn ihr habt den Auftrag, sie zu kreuzigen!

Manche *Diabolianer* werden sich sogar unter die Bewohner der Stadt begeben. Sie werden sich verkleiden und sich auch auf andere Weise fromm stellen, um euch zu verführen (Jes. 5,20; Apg. 20,29-30; 1.Joh. 5,1-3).

O *Menschenseele,* sei nüchtern und wache, und lass dich nicht betrügen!«

Als der Fürst das alles in der Stadt geregelt hatte, versprach Er, an einem bestimmten Tag wieder zu kommen, um Sein Gnadenwerk abzuschließen und den Bewohnern von *Menschenseele* ein besonderes Unterscheidungsmerkmal zu geben. Dadurch würde alle Welt erkennen, dass sie Sein Eigentum seien (Tit. 2,14).

Als der Tag anbrach, hielt *Immanuel* zunächst eine kurze Ansprache an sie. Dann ließ Er für jeden einzelnen von ihnen aus Seinem Schatzhaus ein glänzendes, reines Kleid aus feinster Leinwand herbeibringen (Off. 19,8). Jeder durfte eines nehmen, das ihm passte.

»Das ist Mein Ehrenkleid; nur darin dürft ihr Mein Angesicht sehen!« (Hebr. 12,14; 2.Tim. 2,19)

Ach, wie schön sahen die Einwohner von *Menschenseele* nun aus, wie eine Braut (Ps. 45,14-15; Jes. 61,10; Mt. 22,11)! *»Schön wie der Mond, klar wie die Sonne; furchtgebietend wie Heerscharen mit Kriegsbannern« (Hl. 6,10).*

Dazu gab Er ihnen noch die Anweisung, wie sie mit den Kleidern umgehen sollten:

1. »Tragt sie täglich, damit ihr immer als die Meinen erkannt werdet!

2. Haltet sie immer weiß und rein! (2.Kor. 7,1)

3. Lasst sie nicht durch den Staub oder Schmutz der Erde schleifen! (Kol. 3,2)

4. Passt auf, dass ihr sie nicht verliert, dass ihr nicht nackt erfunden werdet und man die Schande eurer Blöße sieht! (Off. 3,18)

5. Wenn ihr sie je besudeln solltet, dann beeilt euch, das zu tun, wovon in Meinem Gesetz geschrieben steht, damit ihr vor Mir bestehen könnt bei Meinem Kommen: Reinigt die Kleider sogleich wieder an dem Quell, den Ich euch bereitet habe« (Sach. 13,1).

Wie schön sah nun *Menschenseele* aus! Sie hatte einen hervorragenden Fürsten, großartige Hauptleute und Soldaten, erprobte Waffen – und Kleider, so weiß wie der Schnee!

Jetzt kam *Immanuel* immer wieder zu Besuch. Jeden Tag durften die Ältesten zu Ihm kommen. Sie wandelten und redeten mit Ihm. Auch besuchte Er die Armen in den Straßen der entfernten Stadtteile und segnete sie.

Er ermutigte täglich die Hauptleute, ja, manche stündlich durch Seine Gegenwart. Ein Lächeln Seinerseits gab ihnen mehr Kraft als irgendetwas anderes unter dem Himmel. Es gab in der Stadt regelmäßig Feste, bei denen der Fürst immer anwesend war (1.Kor. 11,23-26; Off. 3,20; Apg. 2,46-47). Er schickte die Einwohner nie leer fort, sondern beschenkte sie reich. Wenn aber die Ältesten und die Stadtbewohner mal nicht zu Ihm kommen konnten, sandte Er ihnen Brot und Fleisch, das Er Selbst bereitete, und Wein, der von Seinem Weinstock genommen und in seinem Haus gekeltert war – eine wahrhaftige Lebensspeise und ein wahrhaftiger Lebenstrank (Joh. 6,54-55).

Wenn sie Ihn nicht so häufig besuchten, als Er es wünschte, ging Er Selbst zu ihnen, klopfte an die Türen und begehrte eingelassen zu werden. Wenn sie zu Hause waren und Ihn einließen, erneuerte Er Seine Liebe und erwies ihnen wieder Zeichen Seiner Gunst (Ps. 5,8; Eph. 3,17-19).

Ein neuer Beamter wurde von dem Fürsten über die Ältesten und Bürger in der Stadt eingesetzt; er hieß *Gottes-Friede*. Er kam direkt aus dem Königshof des Himmels und war ein Verwandter von *Glaube* und *Hoffnung* (Röm. 15,13). Seitdem herrschten Friede, Harmonie, Ruhe, Freude und Gesundheit in der Stadt (Kol. 3,15; Phil. 4,7).

14

Nicht genügend gewacht

In der Stadt *Menschenseele* war aber einer übrig geblieben, der die Freiheit der Stadt ernstlich bedrohte. Das war Herr *Fleischliche-Sicherheit* (1.Thess. 5,3). Er war der Sohn des vornehmen *Diabolianers Selbsteinbildung* (Gal. 6,3), der mit *Fürchte-nichts* (Ps. 10,6) verheiratet war, der Tochter von Herrn *Wille*. Als *Immanuel* mit Seinem Heer die Stadt *Menschenseele* belagert hatte, um sie einzunehmen, hatte er die Einwohner immer wieder zum Widerstand und zur Rebellion angestachelt. Das lag ja in seiner Natur: Er bildete sich ein, etwas Besonderes zu sein, und fürchtete Gott nicht.

Nun, wo *Immanuel* die Stadt völlig erneuert hatte, heuchelte Herr *Fleischliche-Sicherheit*, dass er dem Fürsten dienen wolle. Er versuchte sich überall aufzudrängen und sprach mit jedermann in *Menschenseele*. Da merkte er schnell, dass die Stadtbewohner mit seinem Gerede sehr zufrieden waren, und schon bald verstand er es, sie dermaßen für sich zu gewinnen, dass sie ganz nach seiner Pfeife tanzten und fast ebenso sicher wurden wie er selbst (Off. 3,17; Jes. 47,7-10). Man freute sich bald, wenn er zugegen war, und trieb Scherz, Spiel, Tanz, Schlemmerei und Trinkgelage (2.Pt. 2,20-21). Aber mit Leuten, die ihre

Schwachheit fühlten, hatte er nicht gern etwas zu tun (2.Kor. 12,10).

Immanuel, der noch in der Stadt gegenwärtig war, beobachtete das alles sehr genau.

Der Oberbürgermeister, Herr *Wille,* und der Stadtschreiber, Herr *Erkenntnis,* waren auch schon ganz eingenommen von den Worten dieses diabolischen Sprüchemachers. Sie hatten die Warnung des Fürsten leider vergessen, dass sie aufpassen und sich weder von der einen noch von der anderen teuflischen List betrügen lassen sollten.

Immanuel hatte sie gelehrt, dass ihre Sicherheit nicht in ihrer eigenen Stärke liege, sondern im Vertrauen auf Seine Gnade (Ps. 33,16-18). Er hatte ihnen besonders eingeschärft, Seine und Seines Vaters Liebe nicht zu vergessen. Ihr ganzes Streben sollte sich darauf richten, immer fester in dieser Liebe gewurzelt zu sein, sie immer treuer zu bewahren (Mt. 24,13; Eph. 3,17).

Aber anstatt auf ihren Fürsten zu hören und Ihn zu fürchten (Ps. 2,11; Phil. 2,12; Röm. 11,20) und zu lieben, ließen sie sich von einem *Diabolianer* verführen! Sie hätten die gesamte Bande dieser Feinde steinigen sollen, *»dann wäre [ihr] Friede wie ein Wasserstrom gewesen« (Jes. 48,18).*

Als *Immanuel* feststellte, dass wegen *Fleischliche-Sicherheit* die Liebe der Einwohner von *Menschenseele* Ihm gegenüber erkaltet war, klagte Er darüber und sagte ihnen durch Seinen Geist: »*O dass doch Mein Volk Mir gehorsam wäre, und Israel in Meinen Wegen wandelte!*« *(Ps. 81,14;* siehe auch V. 11-17). Zu »Israel« nach dem Geist gehört jede errettete *Menschenseele.*

Dann sprach *Immanuel* zu sich Selbst: »*Ich werde davongehen, an Meinen Ort zurückkehren, bis sie ihre Schuld erkennen und Mein Angesicht suchen werden*« *(Hos. 5,15).*

Dass *Menschenseele* in Verfall geraten war bzw. einen Rückfall erlebte, wurde darin deutlich sichtbar:

1. Sie besuchten Ihn nicht mehr in Seinem königlichen Palast und fragten nicht mehr nach Seinen Besuchen.

2. Sie hatten nachgelassen, zu Seinen Festmahlen zu kommen.

3. Wenn sie kamen, zeigten sie keine Freude mehr daran.

4. Sie befragten nicht mehr Sein Wort, sondern begannen, auf sich selbst zu vertrauen (Jes. 14,13-14).

Kurzum, *Immanuel* musste feststellen, dass die Einwohner der Stadt unter dem Einfluss von *Fleischliche-Sicherheit* ihre Abhängigkeit von Seinem Vater und von Ihm nicht mehr empfanden und stattdessen ihr Vertrauen auf etwas setzten, was sie von Ihm empfangen hatten. Er fand sie bei Festgelagen im Haus von *Fleischliche-Sicherheit*. Darüber war Er sehr betrübt und tief bekümmert.

Nach und nach entzog Er sich immer mehr Seiner geliebten Stadt. Zunächst zog Er sich auf das Schloss zurück und sprach auch, wenn sie mal kamen, nicht mehr so freundschaftlich mit ihnen wie früher. Danach schickte Er ihnen nicht mehr die herrlichen Leckerbissen von Seiner Tafel. Und wenn man Ihn ab und zu noch besuchen wollte, schien es, als achte Er kaum noch auf ihr Klopfen (Jes. 1,15).

Durch dies alles versuchte *Immanuel* sie zur Einsicht zu bewegen, damit sie zu Ihm umkehren mögen (Lk. 19,42).

Aber leider merkten sie das alles nicht, weil sie sich so sicher fühlten. Also zog sich der Königssohn leise zurück. Zuerst aus Seinem Palast in der Stadt; dann ging Er sogar durch das Stadttor hinaus und verließ *Menschenseele*, damit sie ihre Sünden erkennen sollte (3.Mo. 26,21-24). Aber sie vergaßen Ihn ganz und erwähnten Ihn gar nicht mehr (Jes. 17,10; Jer. 2,32).

Auch Herr *Gottes-Friede* legte sein Amt nieder (Hes. 7,25), und *Immanuel* wandte sich gegen die Stadt, weil sie sich gegen Ihn gewandt hatte. So verhärtet wurde man durch *Fleischliche-Sicherheit,* dass man den Auszug des Fürsten nicht einmal bemerkte, ja Ihn sogar ganz vergaß und nicht mehr erwähnte!

Als *Fleischliche-Sicherheit* wieder einmal – wie so oft – ein Festmahl zugerichtet hatte, wurde auch Herr *Gottesfurcht* dazu eingeladen. Früher hatte man viel nach ihm gefragt; aber jetzt achtete man ihn nur noch sehr gering (Hi. 15,4).

Als alle vergnügt an dem Mahl teilnahmen, saß *Gottesfurcht* allerdings wie ein Fremdling dazwischen. Er aß und trank nichts. »Ist dir nicht wohl? Es sieht so aus, als ob du krank wärst«, bemerkte *Fleischliche-Sicherheit.* »Soll ich dir ein Stärkungsmittel von dem Herrn *Vergiss-das-Gute* geben?«

»Danke für die Freundlichkeit; aber ich habe kein Verlangen nach solchem Stärkungsmittel«, antwortete *Gottesfurcht.* »Aber«, fuhr er fort, indem er sich an die Ältesten und Vornehmsten der Stadt wandte, »ich kann nicht begreifen, wie ihr so vergnügt und lustig seid, während sich die Stadt in solch traurigem Zustand befindet!« (Jer. 8,21).

»Ach, mein Herr«, antwortete darauf *Fleischliche-Sicherheit,* »dir fehlt wohl der Schlaf; geh ein bisschen hinüber und mach ein Schläfchen, während wir hier lustig weiterfeiern« (Spr. 6,10-11).

Darauf antwortete *Gottesfurcht*: »Wenn es dir nicht an einem aufrichtigen Herzen fehlte, würdest du nicht so handeln, wie du es jetzt tust.« Dann wandte er sich an die übrigen Anwesenden und sprach: »Ganz gewiss war die Stadt *Menschenseele* stark und uneinnehmbar; aber ihr habt sie schwach gemacht, und nun steht sie offen für eure Feinde! Du, Herr *Fleischliche-Sicherheit,* hast *Menschenseele* auf listige Weise ihrer Kraft beraubt und hast ihre Türme niedergerissen. Seitdem du durch dein Geschwätz so groß geworden bist, ist ihre Kraft dahin. Sagt doch einmal, ihr Einwohner der Stadt, wo ist euer Fürst *Immanuel* geblieben? Wann habt ihr Ihn das letzte Mal gesehen? Wann habt ihr das letzte Mal Seine liebliche Stimme gehört? Obwohl wir noch nicht die Beute der Feinde von außen geworden sind, seid ihr den inneren Feinden, vor allem diesem diabolischen Ungeheuer, in die Hände gefallen, seit ihr euren Fürsten vergessen habt!«

»Pfui, schäme dich, Herr *Gottesfurcht*!«, erwiderte *Fleischliche-Sicherheit.* »Du solltest deine viele Furcht ablegen. Du bist ja ein richtiger Angsthase. Ich stehe doch ganz auf eurer Seite; aber du bist ein Zweifler. Ich jedoch habe Glauben und Zuversicht. Warum musst du nun bei einem so vergnügten Fest so schwermütig sein?«

»Ich habe allen Grund, zu trauern und zu weinen«, entgegnete *Gottesfurcht,* »denn *Immanuel* ist aus *Menschenseele* fortgezogen. *›Die Freude unseres Herzens ist dahin‹ (Kla. 5,15-16)!* Und du, Herr *Fleischliche-Sicherheit,* hast Ihn fortgetrieben! Er ist weggegangen, ohne es den Edlen der Stadt bekanntzugeben. Und wenn das kein Zeichen Seines Zornes ist, dann weiß ich nicht, was Gottesfurcht bedeutet. O ihr Bürger von *Menschenseele,* aufgrund eures allmählichen Abweichens ist Er auch von euch gewichen (Jes. 59,2). Als Er merkte, dass euch nicht einmal etwas daran lag, habe ich Ihn mit meinen Augen weggehen sehen. Eure Kraft ist von euch genommen; ihr seid gebunden mit Stricken, wie einst Simson (Ri. 16,15-21)! Das Totenreich hat schon seinen Schlund aufgesperrt, um euch zu verschlingen (Jes. 5,14)! Ihr solltet euer Festefeiern lieber in eine Bußveranstaltung verwandeln!«

Als der Prediger der Stadt, Herr *Gewissen,* das hörte, erschrak er gewaltig und stellte sich auf die Seite von

Gottesfurcht: »In der Tat, Brüder, ich fürchte, er hat recht! Auch ich habe den Fürsten schon lange nicht mehr gesehen; ich kann mich nicht einmal an den Tag erinnern, an dem ich Ihn zuletzt gesehen habe. Und darum packt mich Furcht und Entsetzen, wenn ich über das Geschick von *Menschenseele* nachdenke!«

»Ich weiß, dass ihr *Immanuel* in eurer Stadt nirgends finden werdet«, fährt *Gottesfurcht* fort, »denn eure Sünden haben Ihn vertrieben!« Bei diesen Worten fiel Herr *Gewissen* beinahe tot um.

Auch alle übrigen Anwesenden, außer dem Hauswirt, waren niedergeschlagen, blass und totenbleich (Dan. 5,6; Kla. 3,1-20). Als sie sich einigermaßen erholt hatten, begannen sie zu überlegen, was sie am besten tun sollten.

Inzwischen hatte sich Herr *Fleischliche-Sicherheit* in ein Nebenzimmer zurückgezogen.

Die Stadtbewohner erinnerten sich auf einmal wieder deutlich daran, was *Immanuel* von der Verführung durch falsche Propheten vorausgesagt hatte. Darum ergriffen sie *Fleischliche-Sicherheit* und steckten sein Haus über ihm in Brand.

Dann begannen sie eifrig, *Immanuel* zu suchen, fanden Ihn aber nicht (Ps. 73,25-26; Hl. 5,6). Oh, wie wurde ihnen da so bange; wie riefen sie nach ihrem Freund! Schließlich kam man überein, zu dem

Höchsten Berater zu gehen, den sie ebenfalls betrübt hatten, um Ihn zu fragen, wo *Immanuel* sei. Aber Seine Tür blieb verschlossen, und Er ließ sich auch nicht von ihnen sehen (Jes. 64,5-11).

Welch ein dunkler und trüber Tag war das für *Menschenseele* (Joel 2,2)! Jetzt erkannten sie, wie töricht es war, auf das Gerede von *Fleischliche-Sicherheit* gehört zu haben. Nun stieg *Gottesfurcht* wieder in ihrer Achtung; denn alles hatte sich bestätigt, was er gesagt hatte (Hab. 2,3).

Am folgenden Sonntag hielt *Gewissen* eine Bußpredigt über Jona 2,9: *»Die Verehrer nichtiger Götzen verlassen ihre Gnade.«* Die Einwohner der Stadt waren so bestürzt und zerschmettert, ja geradezu krank (Ps. 38,5-7). Der Prediger sprach sich selbst schuldig, dass er *Menschenseele* nicht rechtzeitig gewarnt, sondern sich sogar der Sorglosigkeit hingegeben hatte.

Zur selben Zeit brach auch noch eine ernste Krankheit in der Stadt aus und befiel die meisten Einwohner, sodass viele im Sterben lagen und andere, sogar die Hauptleute und Krieger, ganz jämmerlich aussahen (Ps. 107,12; Am. 8,3). Wenn jetzt ein Angriff des Feindes erfolgt wäre, hätte niemand Widerstand leisten können! Überall hörte man nur Stöhnen und

Röcheln, und viele schwankten und taumelten entkräftet durch die Straßen.

Ihre Kleider, die sie von *Immanuel* bekommen hatten, sahen sehr vernachlässigt aus. Einige waren zerrissen, andere hingen nur noch lose am Körper (Jes. 64,5).

Nachdem *Menschenseele* eine Zeit lang in dieser traurigen und verzweifelten Verfassung verbracht hatte, rief *Gewissen* einen Fast-, Buß- und Bettag aus, an dem man sich demütigen sollte, weil man so verächtlich gegen *El-Schaddai* und Seinen Sohn gewesen war.

Man bat *Boanerges,* eine Predigt zu halten. Er legte das Gleichnis vom unfruchtbaren Feigenbaum aus und übertrug es sehr genau auf die Stadt *Menschenseele* (Lk. 13,7). Wie Donnerkeile schlugen seine Worte ein. Viele weinten und klagten (Jer. 31,19)!

Am Ende der Predigt kam man zusammen, um sich zu beraten, was zu tun sei. *Gewissen* wollte, dass man sich unbedingt an Herrn *Gottesfurcht* wenden solle: »Denn er kennt den Sinn des Fürsten besser als wir alle« (Spr. 9,10). Dieser schlug bei seiner Ankunft vor, ein demütiges Bittschreiben an den Fürsten zu schicken, den sie nun wieder so schwer beleidigt hatten. Nach einigen Überlegungen beschloss man, der Bürgermeister möge das

Bittschreiben an den Hof von *El-Schaddai* bringen, wohin *Immanuel* sich zurückgezogen hatte.

Als er dort ankam, sah er, dass das Tor verschlossen war (Kla. 3,8). Lange stand er draußen und wartete. Dann bat er jemanden von der Wache, hineinzugehen und zu melden, dass der Bürgermeister von *Menschenseele* draußen stehe, und welche Botschaft er habe. Aber der Fürst erschien nicht, und die Antwort war schrecklich: »*›Sie haben Mir den Rücken zugewandt und nicht das Angesicht‹ (Jer. 2,27).* Mögen sie sich jetzt an Herrn *Fleischliche-Sicherheit* wenden, dass der ihnen helfe!«

Der Bürgermeister wurde von Schrecken des Todes ergriffen, schlug an seine Brust und kehrte zur Stadt zurück, wobei er immerzu weinte. Sobald ihn die Bewohner von *Menschenseele* so kommen sahen, brachen sie alle in ein lautes Klagegeschrei aus, warfen Staub auf ihre Köpfe und legten Sacktuch an (Jon. 2,6-8).

Nachdem sie wieder ein wenig Mut fassen konnten, hielten sie erneut eine Beratung. Da sagte ihnen der ehrwürdige Herr *Gottesfurcht,* dass sie nichts Besseres tun könnten als das, was sie bereits getan hatten. So nahmen sie allen Mut zusammen und schickten ein Bittschreiben nach dem anderen an den Hof von *El-Schaddai.* Die Landstraße war voller

Botschafter, die hin- und zurückeilten (Lk. 11,8-9). Das ging über den ganzen langen und kalten Winter in dieser Weise.

Ihr werdet euch noch daran erinnern, dass *Immanuel* der Stadt den Auftrag gegeben hatte, die schlimmen *Diabolianer,* die sich in finsteren, schmutzigen Löchern an der Mauer versteckt hatten, zu fangen und umzubringen. Zu den schlimmsten von ihnen gehörte Herr *Geldgier.* Den Auftrag zur Ausrottung dieser Gesellen hatte vor allem Herr *Wille.* Aber diesen Auftrag hatte die Stadt *Menschenseele* sträflich vernachlässigt. Die Folge war, dass die bösen Schurken allmählich ihre Köpfe erhoben und sich in der Stadt sehen ließen, ja, sogar freundschaftlichen Umgang mit einigen Bewohnern pflegten, obwohl die Stadtverwaltung streng dagegen war.

15

Neue Verschwörungen der Diabolianer

Die in der Stadt zurückgebliebenen *Diabolianer* traten jetzt in die Öffentlichkeit, als sie bemerkten, dass Fürst *Immanuel* sich aus *Menschenseele* zurückgezogen hatte, weil sie gegen Ihn gesündigt hatte. In dem Haus von Herrn *Unheil,* der zu ihnen gehörte, kamen sie zusammen, um eine Verschwörung gegen die Stadt anzuzetteln. Der eine riet dies, der andere jenes.

Herr *Unzucht* schlug vor, dass sich einige *Diabolianer* bei den Einwohnern von *Menschenseele* als Dienstboten anstellen lassen sollten.

Aber Herr *Mörder* war damit nicht einverstanden. »Das sollten wir jetzt, wo die Stadt hellwach geworden ist, nicht tun. Nachdem sie durch unseren Freund *Fleischliche-Sicherheit* schon mal in die Falle gelockt waren, jedoch wieder daraus entflohen sind, werden sie sicher ihrer Pflicht mit Eifer nachkommen und alle *Diabolianer* umzubringen suchen.«

Schließlich beschlossen sie, einen Brief an *Diabolus* zu schicken, um ihm die Zustände in der Stadt zu beschreiben und ihn um Rat zu bitten. Der Brief enthielt nach einigen lobenden Worten an ihren Fürsten *Diabolus* etwa folgende Nachricht: »Die Einwohner von *Menschenseele* haben sich schwer gegen ihren Fürsten *Immanuel* versündigt. Darum sind jetzt viele, auch von den Vornehmsten der Stadt, niedergeschlagen und schwach. Wir, die *Diabolianer,* sind dagegen umso lebendiger und meinen, die Stadt läge nun offen vor uns, um sich ihrer wieder zu bemächtigen.«

Herr *Gemein* brachte den Brief zu *Diabolus.* Begierig wurde dieser im Beisein von *Beelzebul, Luzifer* und *Apollyon*[1] gelesen.

Die Beantwortung des Briefes überließ man *Diabolus.* Seine Antwort begann ebenfalls mit schmeichelnden Worten: »Geliebte Kinder und Nachfolger, hier herrscht große Freude, seit wir erfahren haben, dass es in der Stadt *Menschenseele* noch Freunde des *Diabolus* gibt. Auch freuen wir uns darüber, dass sich die Einwohner der Stadt in einem so geschwächten Zustand befinden, ja dem Tod nahe, dass der Zorn ihres Fürsten schon auf ihr liegt und *Immanuel* sich von ihr zurückgezogen hat. Wie sehr werden wir uns freuen, wenn wir die Stadt wieder in unsere Klauen bekommen! Dann werden sie keine Gnade mehr von ihrem Fürsten erlangen können!«, so schrieb er weiter. »Und nun lasst es

1 Apollyon bedeutet: »Engel des Abgrunds« (Off. 9,11).

an keiner teuflischen List fehlen, um dieses Ziel zu erreichen!«

Er gab die Anweisung, die *Diabolianer* in *Menschenseele* sollten zunächst noch genau herausfinden, an welcher Stelle die Stadt am schwächsten sei. Dann forderte *Diabolus* seine Kumpanen auf, zu erforschen, auf welche Weise die Stadt am besten zu erobern sei. Seine Vorschläge waren, dass man entweder die Einwohner dazu verleite, ein lockeres Leben zu führen und stolz und überheblich zu werden, oder dass man sie in Zweifel und Hoffnungslosigkeit stürze, oder dass man sie plötzlich mit Gewalt angreife. »Sorgt auf jeden Fall dafür, dass ihr im Innern der Stadt heftige Unruhe stiftet, damit wir sie von außen leichter stürmen können!« Damit endete der Brief des *Diabolus*.

Nachdem Herr *Gemein* zurückgekehrt war, fanden sich die übrig gebliebenen *Diabolianer* wieder im Haus von Herrn *Unheil* zusammen. Alle freuten sich sehr über die Antwort ihres Fürsten. Der Brief reizte sie tüchtig dazu an, den boshaften Plan gegen die Stadt mit aller Kraft voranzutreiben. Als Erstes kam man darin überein, alles, was sie mit *Menschenseele* vorhatten, streng geheim zu halten, damit die Einwohner der Stadt überhaupt nicht vermuten könnten, was man geplant habe.

Aber welche der drei Methoden aus dem Brief des *Diabolus* sollten sie nun anwenden, und wie war diese dann in die Tat umzusetzen? Unter den derzeitigen Umständen hatten sie nur die Möglichkeit, *Menschenseele* in solche Verzweiflung zu stürzen, dass die Einwohner vor allem nicht mehr in der Lage waren, an die Liebe ihres Fürsten zu ihnen zu glauben. So würden sie bald aufhören, Ihn um Hilfe zu bitten, und Er würde sich noch weiter von ihnen abwenden. Infolgedessen könnten sie leicht die Herrschaft über sie erlangen. Mit diesem Vorschlag waren alle *Diabolianer* von Herzen einverstanden. Aber – wie konnte man ihn am besten ausführen?

Herr *Betrug* wusste Rat. Er schlug vor: »Einige von uns verkleiden sich, nehmen andere Namen an und geben sich als solche aus, die aus der Ferne hergewandert seien. Dann lassen sie sich von den Einwohnern als Bauernknechte und Diener einstellen, um dadurch in ihre Häuser zu gelangen. Auf diese Weise wären wir in der Lage, alle Stadtbewohner in kurzer Zeit zu verderben und zu vergiften, sodass ihr Fürst sie nur noch verachten könne; daraufhin würden sie bald verzweifeln.« Sein Vorschlag wurde von allen bejubelt.

Zunächst wurden drei *Diabolianer* ausgewählt, um diesen Plan auszuprobieren. Herr *Geldgier* ging unter dem Namen *Weise-Sparsamkeit,* Herr *Unzucht* nahm den Namen *Harmlose-Freude* an, und Herr *Zorn* nannte sich *Heiliger-Eifer.*

An einem Markttag kamen diese drei kräftigen Burschen, in weiße Schafspelze gehüllt (Mt. 7,15), auf den Marktplatz der Stadt *Menschenseele.* Obwohl sie in der Sprache dieser Stadt redeten, bekamen sie nur deshalb schnell eine Stelle, weil sie sehr wenig Lohn forderten und große Versprechungen machten (Mt. 4,8).

Herr *Verstand* stellte *Weise-Sparsamkeit* ein, und Herr *Gottesfurcht* übernahm *Heiligen-Eifer.* Es dauerte allerdings einige Zeit, bevor *Harmlose-Freude* in den Dienst genommen wurde, weil man in *Menschenseele* gerade Fastenzeit hatte. Aber schließlich wurde er von Herrn *Wille* eingestellt.

Nicht lange danach begannen die *Diabolianer,* in die Familien einzudringen und viel Unheil anzurichten, besonders *Weise-Sparsamkeit* und *Harmlose-Freude.* Nur *Heiliger-Eifer* gefiel seinem Herrn *Gottesfurcht* nicht. Als er das merkte, floh er aus dessen Haus.

Die anderen beiden berieten sich über die Frage, wann sie in Absprache mit *Diabolus* den Versuch wagen sollten, den Hauptangriff zu begehen; ihr

Fürst sollte dann von außen und sie von innen *Menschenseele* anfallen. Sie beschlossen, dies an einem Markttag zu tun, während sich die Einwohner von *Menschenseele* besonders viel mit irdischen Dingen befassten.

»Sollte es schief gehen, können wir uns umso leichter in der Menschenmenge verstecken«, dachten sie.

Jetzt wurde wieder ein Brief an *Diabolus* geschrieben und von Herrn *Gemein* überbracht.

In dem Brief nannten sich die *Diabolianer* die *Herren-des-Leichtsinns* und redeten ihren Fürsten mit *Großer-Herr-der-uns-am-Leben-erhält* an. Sie schrieben: »Wir haben von den drei Vorschlägen, die du uns gemacht hast, uns dafür entschieden, die Einwohner von *Menschenseele* in Verzweiflung und Hoffnungslosigkeit zu treiben. Wir – es sind inzwischen noch mehr von uns unter falschen Namen eingedrungen – sind wie bittere Wurzeln dabei, die Stadt ins Verderben zu stürzen (Hebr. 12,15; Eph. 5,3-6). Dabei haben wir schon gute Fortschritte gemacht, außer natürlich *Heiliger-Eifer,* der schon bald von *Gottesfurcht* entlarvt worden ist.«

In dem Brief baten sie *Diabolus,* an einem Markttag mit seinem Heer von 20000 bis 30000 *Zweiflern* den Überfall von außen zu versuchen, während die Bewohner der Stadt nichts Böses vermuteten. Die *Diabolianer* würden dann von innen ihr Werk betreiben.

Unterdessen sah es in der Stadt traurig aus. Obwohl viele Hilferufe zu *Immanuel* gesandt worden waren, hatte Er noch keinen davon beantwortet. Durch den verderblichen Einfluss solcher Leute wie *Weise-Sparsamkeit* und *Harmlose-Freude* wurden auch so verständige Männer wie *Verstand* und *Wille* immer weiter verführt (1.Kor. 5,6-7). Über der Stadt hing eine düstere Wolke (Jes. 21,11-12).

Inzwischen war Herr *Gemein* mit dem Brief angekommen und führte ein Gespräch mit dem Pförtner. Dieser hieß *Gemein* willkommen und fragte ihn nach dem Zustand von *Menschenseele. Gemein* versicherte ihm, dass die Gottesfurcht unter den Stadtbewohnern sehr stark abgenommen habe, und dass die eingedrungenen *Diabolianer* vertrauten Umgang mit ihnen pflegten. Deren Mutlosigkeit nehme immer mehr zu.

»Dann gibt es gar keine bessere Gelegenheit als diese, um die Stadt zu überfallen«, sagte der Pförtner.

»Stimmt«, antwortete *Gemein,* »der listige Plan ist auch schon beinahe fertig. Die *Diabolianer* arbeiten Tag und Nacht daran, während die Bewohner der

Stadt wie dumme Schafe sind und ihren Zustand überhaupt nicht durchschauen.«

Daraufhin wurde *Gemein* von *Diabolus* und den anderen Dämonenfürsten empfangen, die ihn vor Vergnügen mit einem abscheulich teuflischen Knurren empfingen. Als man den Brief gelesen hatte, äußerten verschiedene Dämonenfürsten ihre Meinung darüber.

Luzifer riet dazu, die Einwohner von *Menschenseele* noch mehr zu Sünde und Schandtaten zu verführen; denn das sei die wirksamste Methode, um die Seelen zu verderben (Spr. 14,34). »Wir müssen es genauso machen wie unser alter Freund *Bileam*« (4.Mo. 31,16), sagte er. »Aber nichts kann unseren Plan schlimmer durchkreuzen als die Gebete um Gnade! Ich hoffe, dass *Menschenseele* mit ihrer Umkehr nicht Ernst macht; diejenigen, die bloß ›Herr, Herr!‹ zu *Immanuel* sagen, will Er ja Selbst nicht hören!« (Mt. 7,21).

Luzifer bezweifelte allerdings, ob es gut sei, dass man *Menschenseele* an einem Markttag überfalle; denn da seien alle bewaffneten jungen Männer dabei. Wenn der Angriff missglücke, würde der ganze Plan scheitern. »Stellt euch bloß vor, man würde an einem solchen Tag in *Menschenseele* die Tore besonders gut bewachen!«, meinte er.

Beelzebul fragte sich, ob die Bewohner dieser Stadt überhaupt ein Gefühl oder gar Kenntnis von ihrem gefallenen Zustand und von den Plänen des Feindes hätten. Wenn dem so wäre, würden sie sicher die Wachen verdoppeln. »Wenn wir aber herausfinden, dass sie eingeschlafen sind, dann ist es sowieso einerlei, welchen Tag wir für den Überfall wählen.«

»Aber wie können wir das erfahren?«, überlegte *Diabolus*.

Man fragte *Gemein* noch einmal, wie es um die Stadt bestellt sei. Er antwortete: »*Menschenseele* ist in ihrem Glauben und in ihrer Liebe entkräftet, seit *Immanuel* ihr den Rücken zugekehrt hat.«

Daraus schloss *Beelzebul*: »Wenn dem so ist, spielt es wirklich keine Rolle, welchen Tag wir auswählen.«

Jetzt übernahm *Apollyon* das Wort: »Wir dürfen in dieser Sache nicht überhastet ans Werk gehen und kein Aufsehen erregen; wir müssen alles im Stillen einleiten. Unsere Freunde, die in die Stadt eingedrungen sind, sollten wir weiter ihr Unwesen treiben lassen, indem sie die Leute beschmutzen, besudeln und sie noch tiefer in die Sünde treiben. Es gibt nichts Besseres als Sünde, um *Menschenseele* zu verderben! Die Leute hören dann schon von selbst auf, Bitten an *Immanuel* zu schicken; sie werden Ihn sogar ganz vergessen. Wenn es unserem Freund *Fleischliche-Sicherheit* in so kurzer Zeit gelang, *Immanuel* aus der Stadt zu vertreiben, werden *Geldgier* und *Unzucht* es wohl verstehen, wie sie Ihn außerhalb von *Menschenseele* belassen können. Wir sollten noch viel mehr *Diabolianer* unter solcherlei Decknamen in die Stadt schicken, die dann genauso weiterarbeiten. Je sündiger *Menschenseele* wird, umso weniger wird sie in der Lage sein, sich uns zu widersetzen. Es ist dann nur noch eine Frage der Zeit, bis uns die Leute in der Stadt die Tore ganz von selbst wieder öffnen werden.«

Damit war *Diabolus* aber überhaupt nicht einverstanden. »Ich kann es nicht länger aushalten, eure lange und langweilige Rede anzuhören. Ich bin so voller Wut und Gier nach den Seelen und Leibern der Stadt *Menschenseele*!«

Nach diesen Worten wagten die anderen Fürsten ihm nicht zu widersprechen.

So wurde beschlossen, die Verzagtheit in der Stadt bis zur Verzweiflung zu führen, indem man ein Heer von 20 000 bis 30 000 *Zweiflern* zusammenbrächte, das *Menschenseele* überfallen sollte.

Im *Land-des-Zweifels,* wurden sogleich die Trommeln geschlagen, um Soldaten für den Angriff auf *Menschenseele* anzuwerben.

Der soeben entworfene Plan wurde in einem Brief dargelegt und *Gemein* mitgegeben. Der Inhalt ließ an Deutlichkeit nichts zu wünschen übrig. Die Dämonen priesen die *Diabolianer* in *Menschenseele,* dass sie so wirksame Mittel gefunden hätten, die Stadt zu verderben. *Diabolus* versprach, ihnen mit einem großen Heer von *Zweiflern* von außen zu Hilfe zu eilen, und sagte ihnen zu, dass sie bald hohe Stellungen in der Stadt bekommen würden.

»Eine Sache darf nicht unerwähnt bleiben«, hieß es weiter in dem Brief. »Jeder *Diabolianer* in *Menschenseele* muss alle List und Schlauheit einsetzen, um die Bewohner noch tiefer in Sünde zu verstricken, selbst wenn es Sünden zum Tode sind!« (1.Joh. 5,16-17).

Die Dämonen wussten nämlich: Je mehr Sünde und Leichtsinn in der Stadt herrschten, umso mehr würde sich *Immanuel* von ihr zurückziehen, und umso schwächer würde sie sein, wenn sie Widerstand leisten wollte.

»Wenn das so weitergeht, wird *El-Schaddai* Seinen Schutz von der Stadt abziehen, und *Menschenseele* wird uns als reife Frucht ins Maul fallen!«

Noch wusste man nicht, ob man am Morgen oder Abend eines Markttages kommen sollte. Die *Diabolianer* sollten genau auf das Trommeln außerhalb der Stadt achten und dann im Innern derselben eine große Verwirrung anrichten.

Dieses Schreiben nahm *Gemein* mit. Er eilte zur Stadt und brachte die Botschaft in das Haus von Herrn *Unheil,* wohin sich die anderen *Diabolianer* versammelt hatten.

Menschenseele machte zu jener Zeit einen äußerst traurigen Eindruck. Man hatte den Fürsten *Immanuel* tief beleidigt, und Er hatte sich zurückgezogen. Die Stadt seufzte in großem Schuldbewusstsein ihres Rückfalls, durch den man die Mächte der Finsternis ermutigt hatte, den Überfall zu wagen.

Die *Diabolianer* waren bereits weit in die Stadt eingedrungen und mehrten sich täglich. Die Einwohner von *Menschenseele* schrien wohl noch zu *Immanuel* und schickten Ihm Bittschreiben; aber von Ihm kam keine Antwort. Wie konnte Er sie auch erhören, während sie Ungerechtigkeit duldeten (2.Tim. 2,19)?! Wie konnten sie es überhaupt wagen, *Immanuel* um Rettung anzurufen und gleichzeitig Gemeinschaft mit den *Diabolianern* zu pflegen (1.Sam. 28,5-6; 1.Kor. 10,21)?!

Also stellte man den Versuch zur Erneuerung der Stadt ein. Man war ja schon so schwach und krank geworden, dass man sich gegen die Feinde nicht mehr zu wehren wagte. Zwischen Freund und Feind war kaum noch ein Unterschied zu erkennen. Darüber hinaus starben viele an den Krankheiten, mit denen sie sich bei den *Diabolianern* angesteckt hatten.

16

Endlich Reformen in Menschenseele

Gottlob, dass es in *Menschenseele* noch einige Leute gab, die sich nicht von den Feinden hatten verführen lassen (Jes. 1,9)! Einer davon war Herr *Scharfsichtig,* der die Einwohner der Stadt sehr lieb hatte. Er ging überall in *Menschenseele* umher, um zu erforschen, ob irgendjemand gemeine Pläne gegen sie schmiedete, und er befürchtete, jemand könne bereits etwas Böses planen. Eines Abends entdeckte er, dass sich beim Hügel *Falschheit* einige *Diabolianer* versammelten. Unbeobachtet belauschte er sie und vernahm, dass sich *Diabolus* in Kürze wieder zum Herrn von *Menschenseele* machen wollte und die Einwohner der Stadt mit dem Schwert umgebracht werden sollten. Zu diesem Zweck hatte der Feind schon ein Heer von über 20000 Mann aufgestellt.

Herr *Scharfsichtig* eilte, nachdem er das gehört hatte, sofort zum Haus des Bürgermeisters und erzählte ihm alles, was er erfahren hatte. Dieser schickte unverzüglich den Prediger aus, weil der *Höchste Berater* immer noch betrübt war. Der Prediger ließ sogleich die Warnglocke läuten, und sofort kamen die Einwohner zusammen.

Von Schrecken erfüllt berichtete er, was Herr *Scharfsichtig* gehört hatte. Dann fügte er hinzu:

»Dieser treue Mann sagt ganz sicher die Wahrheit. Er redet niemals etwas nur so daher, denn er untersucht alles überaus gründlich.«

Daraufhin rief der Prediger Herrn *Scharfsichtig* selbst herbei, der dem versammelten Volk alles erzählte, was er vernommen hatte. Das bewirkte, dass alle von der Wahrheit der Schreckensnachricht aufgerüttelt wurden. Der Prediger unterstrich noch einmal den Grund dieser dramatischen Entwicklung: »Wir haben den Zorn von *El-Schaddai* herausgefordert; wir haben durch unsere Sünden *Immanuel* vertrieben! All Seine Wohltaten haben wir vergessen; ja, wir haben uns sogar mit den *Diabolianern* eingelassen! Alles ist schwach und krank geworden. Die guten Wünsche und Vorsätze sind zugrunde gegangen, und unsere Feinde sind immer stärker geworden!«

Als die Stadtbewohner das hörten, brachen sie in Tränen aus; auch Herr *Scharfsichtig* begann zu weinen. Ja, jetzt weinten sie wieder über ihre Torheit. Sogleich wurden die Hilferufe zu *El-Schaddai* verdoppelt, und man flehte die Hauptleute in der Stadt und ihre Krieger an, ihre Rüstungen in Ordnung zu bringen, um zur Verteidigung bereit zu sein, wenn *Diabolus* kommen werde. Sie hörten darauf und berieten miteinander, wie sie den teuflischen Plan vereiteln könnten.

Dazu ergriffen sie folgende Maßnahmen:

1. Die Tore von *Menschenseele* sollen fest verschlossen bleiben, und jeder, der herein- oder hinausgehen will, soll von den Kommandanten der Wache genauestens untersucht werden.

2. In der ganzen Stadt soll fleißig geforscht werden, ob sich noch irgendwo *Diabolianer* aufhalten. Alle Häuser sollen von oben bis unten durchsucht werden.

3. Wer *Diabolianer* beherbergt, muss öffentlich seine Schuld bekennen (Hes. 16,52; Jer. 5,26).

4. Die ganze Stadt soll einen allgemeinen Fast- und Bußtag halten (Joel 2,12-17). Wer diesen Tag nicht einhält, soll als *Diabolianer* betrachtet werden.

5. Mit aller Kraft und ganzem Ernst soll sich jeder täglich aufs Neue demütigen wegen seiner Sünden und flehentliche Bitten zu *El-Schaddai* senden.

6. Die ganze Stadt soll Herrn *Scharfsichtig* für seine treue Sorge um ihr Wohl danken; und er soll sogleich zum General-Wachtmeister der Stadt ernannt werden (Kol. 4,2).

Wie gut war es für *Menschenseele,* dass diese Beschlüsse genauestens befolgt wurden! Herr *Scharfsichtig* führte sein Amt treu aus und suchte auch außerhalb der Stadt nach Verdächtigem. Auf seiner Erkundungsreise stellte er fest, dass *Diabolus* schon beinahe alles für seinen Eroberungsmarsch vorbereitet hatte. An der Spitze des Heeres der *Zweifler* marschierte der alte Herr *Unglaube.* Das alles meldete Herr *Scharfsichtig* den Hauptleuten und den Ältesten von *Menschenseele.*

In der Stadt selbst wurde von nun an nach den Gesetzen gehandelt, die ihr Fürst ihnen zum Schutz vor den *Diabolianern* verordnet hatte. Alle Häuser wurden durchsucht. Dabei fand man im Haus von Herrn *Verstand* den *Diabolianer Geldgier,* der sich als *Weise-Sparsamkeit* ausgegeben hatte, und bei Herrn *Wille* stieß man auf den *Diabolianer Unzucht,* der seinen Namen in *Harmlose-Freude* verändert hatte.

Beide *Diabolianer* wurden sogleich ins Gefängnis gebracht, wo sie der Wärter *Treuherz* streng behandelte und in starke Ketten legte, sodass sie immer schwächer wurden und bald darauf starben[1]. Herr *Verstand* und Herr *Wille* mussten zur Warnung der übrigen Bewohner von *Menschenseele* öffentlich ihre Schuld bekennen.

---

1 Die Lüste und Leidenschaften müssen in uns gekreuzigt werden (Gal. 5,24).

Die Hauptleute und Ältesten der Stadt setzten eifrig ihre Erkundungen in der Stadt fort. Es war allerdings gar nicht so einfach, die *Diabolianer* zu fangen, denn sie waren so flink und geschickt, dass sie durch allerlei enge, krumme Seitengassen entkamen (Ps. 19,13; 139,23-24). Doch sie konnten sich nicht mehr in der Öffentlichkeit zeigen, sondern mussten sich in ihre Verstecke zurückziehen. Seitdem betrachteten die Stadtbewohner sie wieder als ihre Todfeinde[2] und verfolgten sie bis aufs Blut (2.Kor. 7,11; Hebr. 12,1-4).

Inzwischen hatte *Diabolus* sein Heer zusammengebracht. Er war der Feldherr und *Unglaube* sein General. Ihnen unterstanden die folgenden Hauptleute mit ihren Abteilungen:

1. Hauptmann *Wut,* der Anführer der *Zweifler-an-der-Erwählung.* Sein Fahnenträger war Herr *Verderber* und sein Wappen zeigte das Bild des roten Drachen (Off. 12,3-4).[3]

2 Der innere Kampf gegen den alten Menschen ist schwer. Immer wieder kommt jener zum Vorschein, weil er sich in der Seele versteckt hält, bis er wieder eine Gelegenheit findet, aufzustehen.

3 Ein harter Angriff des Bösen auf die Seele, dass man nicht auserwählt sei.

2. Hauptmann *Raserei,* der Anführer der *Zweifler-an-der-Berufung.* Sein Fahnenträger war Herr *Finsternis* und sein Wappen die feurige Schlange (5.Mo. 8,15).[4]

3. Hauptmann *Verdammnis,* der Anführer der *Zweifler-an-der-Gnade.* Sein Fahnenträger war Herr *Kein-Leben* und sein Wappen die schwarze Grube (Off. 9,2).[5]

4. Hauptmann *Unersättlich,* der Anführer der *Zweifler-am-Glauben.* Sein Fahnenträger war Herr *Verschlinger* und sein Wappen der weit aufgerissene Schlund des Abgrunds (Spr. 27,20).

5. Hauptmann *Schwefelfeuer,* der Anführer der *Zweifler-am-Ausharren.* Sein Fahnenträger war Herr *Feuerbrand* und sein Wappen eine blaue, stinkende Flamme (Off. 14,10-11).

6. Hauptmann *Qual,* der Anführer der *Zweifler-an-der-Auferstehung.* Sein Wappen war der schwarze Wurm (Mk. 9,44).

---

4 Nachdem ein Kind Gottes in Sünde gefallen ist, steigen Zweifel über seine Berufung auf.

5 Der Zweifel in der Seele, ob es wohl noch Gnade für sie gibt.

7. Hauptmann *Keine-Ruhe,* der Anführer der *Zweifler-an-der-Errettung.* Sein Fahnenträger war Herr *Rastlos* und sein Wappen bestand aus dem abscheulichen Bild des Todes.

8. Hauptmann *Grab,* der Anführer der *Zweifler-an-der-Herrlichkeit,* folgte ihm. Sein Fahnenträger war Herr *Verwesung* und sein Wappen zeigte einen Schädel und darunter kreuzweise liegende Totengebeine.

9. Hauptmann *Hoffnungslos,* der Anführer der *Zweifler-an-der-Glückseligkeit.* Sein Fahnenträger war Herr *Verzweiflung,* und sein Wappen zeigte ein glühendes Brandeisen auf einem verhärteten Herzen.[6]

Diabolus nahm auch eine auserwählte Schar an Obersten über all diese Hauptleute mit: *Beelzebul, Luzifer, Apollyon* und andere. Dieses Heer zog jetzt direkt auf die Stadt *Menschenseele* zu.

Herr *Scharfsichtig* schlug Alarm. Sofort wurden die Wachen an den Toren verdoppelt, denn die Stadt *Menschenseele* war nun wachsam.

---

6 Der Böse kann die Seele dazu bringen, dass sie an allem zweifelt (siehe die Namen der Hauptleute des Heeres der Zweifler).

Dennoch erschraken die Einwohner sehr, als sie die Feinde ankommen sahen, besonders, als sie das Dröhnen der Trommeln vernahmen (1.Pt. 5,8). Die Wappen auf den Fahnen verbreiteten ebenfalls großen Schrecken.

Diabolus stürmte als Erstes auf das *Ohrtor* zu. Er zählte auf seine Freunde, die noch in der Stadt waren; aber durch die Wachsamkeit der Hauptleute von *Menschenseele* ging diese Rechnung nicht auf. Anstatt von der Hilfe seiner Freunde wurde *Diabolus* von einer großen Menge von Schleudersteinen[7] begrüßt. Dadurch zwang man ihn, sich etwas zurückzuziehen (Jak. 4,7). So grub er sich mit seinem Heer außerhalb der Reichweite der Schleudersteine ein.

Um die Stadt zu erschrecken, warf er vier Hügel auf, die er nach den Dämonenfürsten benannte. Dem höchsten Hügel gab er seinen eigenen Namen. Dort, an der Nordseite der Stadt, richtete er auch seine Standarte auf mit der Abbildung einer hoch auflodernden Flamme, in der die brennende *Menschenseele* zu sehen war.

Jede Nacht ließ er seinen Trommler nah an die Stadt herantreten, um bei ihr Gehör für seine Botschaft zu finden. Das tat er nur nachts, weil er sich

7 Teile aus Gottes Wort. Die Seele ergreift das Schwert des Wortes Gottes.

tagsüber vor den Schleudersteinen fürchtete. Aber so gab es Nacht für Nacht einen schrecklichen Lärm. Die ganze Stadt *Menschenseele* erbebte, wenn der Trommler den Einwohnern zurief, sie sollten sich freiwillig dem *Diabolus* unterwerfen. Geschähe das nicht, würde man Gewalt anwenden. Auf Befehl der Hauptleute in der Stadt antwortete niemand auf die Aufforderung des Trommlers.

Dann versuchte es *Diabolus* auf eine andere Weise: Er schickte den Trommler ohne seine Trommel hin, um die Einwohner von *Menschenseele* zu einer friedlichen Unterredung aufzurufen.

Auch darauf achteten sie glücklicherweise nicht. Daraufhin schickte *Diabolus* den schrecklichen Hauptmann *Grab.* Der forderte die Stadt zu Verhandlungen auf und drohte, *Diabolus* werde mit seinem Heer die ganze Stadt verschlingen. »Mein Herr ist ohne Zweifel der Fürst über euch, wie ihr es ihm auch früher zugestanden hattet. Wenn ihr euch willig unterwerft, soll unsere alte Freundschaft erneuert werden; wenn nicht, erwarten euch Feuer und Schwert!«

Obwohl die Bewohner von *Menschenseele* dadurch tief entsetzt waren, gaben sie auf keinen Versuch eine Antwort. Was sie aber sehr wohl taten, war dies: Sie wandten sich aufs Neue an den *Höchsten Berater,* ihren vornehmsten Lehrer. Obwohl auch dieser sich ihnen verschlossen hatte, legten sie Ihm doch flehentliche Bitten vor: »Ach, mögest Du Dich doch nicht mehr so fern von uns halten, dass Du nicht mehr auf uns hörst! Könntest Du uns nicht aus Gnaden Deinen Rat in dieser unserer verzweiflungsvollen Lage erteilen, weil uns *Diabolus* überfallen hat?«

Er aber antwortete nur kurz: »Forscht in dem Gesetz eures Fürsten; darin findet ihr, was ihr zu tun habt!«

Daraufhin baten sie Ihn demütig, Er möge ihnen helfen, nochmal ein Bittschreiben an *El-Schaddai* und Seinen Sohn *Immanuel* zu entwerfen, und Er möge dies mit Seinem Siegel beglaubigen.

Er antwortete darauf nur, sie hätten ihren Fürsten *Immanuel* so sehr erzürnt und auch Ihn Selbst tief betrübt. Nun sollten sie erst noch die Folgen ihrer Sünde erleben (Jes. 59,1-2).

Diese Antwort des *Höchsten Beraters* fiel wie eine schwere Last auf ihre Seele; aber trotzdem konnten und wollten sie den Forderungen des *Diabolus* nicht nachgeben. In welch einem elenden Zustand befand sich *Menschenseele*: Ihre Feinde standen bereit, sie zu verschlingen, und ihre Freunde hatten sich von ihr entfernt!

Da raffte sich der Bürgermeister Herr *Verstand* auf, weil er den Worten des *Höchsten Beraters* doch noch etwas Ermutigendes entnehmen konnte. »Wir müssen in der Tat noch für unsere Sünden leiden. Dennoch glaube ich wegen des Wortes ›noch‹, dass *Immanuel* uns am Ende doch helfen werde.«

Dadurch flammte bei den Einwohnern der Stadt wieder Hoffnung auf. Er teilte diesen Trost auch den Hauptleuten mit, sodass sie ebenfalls Mut daraus schöpften und sich wieder bereitmachten, das Lager des Feindes anzugreifen. Alle Kämpfer in *Menschenseele* begaben sich erneut zum Tor. Die Hauptleute wollten etwas für ihren Fürsten tun, und so beantworteten sie die Aufforderungen des *Diabolus* wieder mit Schleudersteinen, die wie Hornissen um die Köpfe seiner Anhänger flogen. Nichts Schrecklicheres gab es für die *Diabolianer* als die wohlgezielten Steine aus *Immanuels* Wurfmaschinen! Damit wurde *Diabolus* zu vollem Rückzug gezwungen.

Der Bürgermeister ließ die Glocken läuten. Außerdem ließ er durch den Mund des Predigers Herrn *Gewissen* dem *Höchsten Schreiber* danken, dass Er durch Seine Worte den Mut der Hauptleute und Ältesten der Stadt gegen *Diabolus* gestärkt hatte.

Als *Diabolus* feststellte, dass sein Heer durch die goldenen Schleudersteine des Fürsten von *Menschenseele* erschreckt und dezimiert wurden, besann er sich und sagte: »Ich muss nun versuchen, sie durch Schmeicheleien zu fangen.«

So kam er selbst zur Stadtmauer und gab sich als friedliebender Fürst aus, der allen Gutes tun und ihren Wohlstand mehren wolle. »Wie viele Nächte habe ich schon gewacht und wie viele und große Anstrengungen unternommen, um euch Gutes zu tun! Es würde mir nicht einfallen, euch den Krieg zu erklären«, heuchelte er. »Solange ich die Freude hatte, euer Herr zu sein, hat es euch an den Vergnügungen der Welt nicht gemangelt. Ihr habt niemals so viele dunkle, mühevolle und die Seele kränkende Stunden erlebt wie von der Zeit an, seit ihr euch gegen mich aufgelehnt habt. Ich werde euch, wenn ihr mich wieder als euren Fürsten anerkennt, mit Vorrechten überschütten; alles, was euch gefällt, soll euch gehören.

Auch wird keiner meiner Freunde, die sich jetzt aus Furcht vor euch in dunklen Höhlen der Stadt verkriechen mussten, sich je an euch rächen. Ihr habt euch doch früher in ihrer Gesellschaft amüsiert. Lasst uns die alte Freundschaft wieder herstellen! Die Liebe, die ich euch gegenüber empfinde, hat mich dazu getrieben, so mit euch zu reden. Ich muss euch wieder haben!

Bildet euch doch nicht ein, eure Hauptleute wären stark genug gegen mich, oder dass euch *Immanuel* schnell zur Hilfe eilen würde. Er hat euch doch verlassen! Ich bin gegen eure Stadt mit einem gewaltig starken Heer heraufgezogen. Meine Hauptleute sind *›schneller als Leoparden …, rascher als Wölfe am Abend; [meine] Reiter … fliegen daher wie ein Adler, der sich auf den Fraß stürzt‹ (Hab. 1,8).* Wie könnt ihr nur meinen, aus meiner Hand und aus meiner Macht entkommen zu können?!«

Nach dieser heuchlerischen Ansprache antwortete ihm der Bürgermeister: »O *Diabolus,* du Fürst der Finsternis und Erzlügner! Wir haben schon allzu tief in deinen Giftbecher geblickt! Sollten wir nun wieder auf dich hören und nochmals die Gebote unseres großen *El-Schaddai* übertreten? Würde unser Fürst uns dann nicht für immer verwerfen? Wir wollen lieber sterben, als von *Immanuel* zu lassen!«

Als der Tyrann merkte, dass er mit seinen Lügen ebenfalls nichts erreichte, überkam ihn teuflische Wut, und er beschloss, die Stadt mit seinem Heer von *Zweiflern* erneut anzugreifen.

Der dämonische Trommler machte einen ungeheuren Lärm, sodass ganz *Menschenseele* erbebte. *Diabolus* sandte seine Hauptleute *Grausam* und *Qual* zum *Gefühlstor*. Vor das *Augentor* setzte er den Hauptmann *Hoffnungslos*, und Hauptmann *Unersättlich* sollte die Wagenburg des *Diabolus* bewachen und alle Gefangenen dorthin bringen.

Die Einwohner von *Menschenseele* behielten vor allem das *Mundtor* unter Kontrolle, denn durch dieses schickten sie ihre Bitten an ihren Fürsten *Immanuel* und schleuderten von da aus ihre Steine gegen den Feind (Jes. 62,6-7). Aus diesem Grund versuchte *Diabolus*, dieses Tor mit Dreck zu verstopfen.

Währenddessen war in der Stadt jeder auf seinem Posten (2.Tim. 2,3-4). Herr *Wille* versuchte die Rebellen in der Stadt zu fangen oder sie in ihren Höhlen ersticken zu lassen[8]; seit seinem öffentlichen Schuldbekenntnis bewies er ganze Aufrichtigkeit und einen mutigen Geist (Jes. 52,11; 2.Kor. 6,14-18). Er hatte die beiden Söhne von *Harmlose-Freude* – der eine hieß *Lustig* und sein Bruder *Wildfang* – ergriffen und sie eigenhändig an ein Kreuz genagelt (Röm. 8,13), weil sie zu vertraulich mit seinen Töchtern umgingen. Er richtete jenes Kreuz beim *Augentor*

8 Es ist vor allem der erneuerte Wille, der die Lüste unterdrückt.

auf, direkt im Angesicht des *Diabolus* und seines Heeres. Das beschämte Hauptmann *Hoffnungslos* sehr und raubte dem ganzen Heer des *Diabolus* den Mut, ermunterte aber die Hauptleute des Fürsten in der Stadt[9].

Als Herr *Verstand* sah, was Herr *Wille* getan hatte, gewann er genug Kraft, entschlossen gegen die Kinder von *Weise-Sparsamkeit* vorzugehen, die ihm Frau *Halte-am-Bösen-fest,* die uneheliche Tochter von *Verstand,* geboren hatte. Er steckte die beiden – sie hießen *Geizhals* und *Habgier* – ins Gefängnis und kreuzigte sie daraufhin beim *Augentor* (1.Tim. 6,10-12).

Die Bewohner von *Menschenseele* wurden dadurch noch mehr ermutigt, alle *Diabolianer* aufzuspüren.

Als dagegen *Diabolus* und seine Gefolgschaft sahen, was *Wille* und danach auch *Verstand* getan hatten, verloren sie ein wenig von ihrem Mut. Schon bald schämten sie sich darüber und gerieten in umso größere Wut und Raserei.

Doch in der Stadt war man auf der Hut. Der Prediger *Gewissen* ermunterte die Einwohner noch mehr mit den Worten: *»Den Gad drängt eine Schar; aber er drängt sie zurück« (1.Mo. 49,19).*

---

9 Vor dem Glauben an die Verdienste Christi am Kreuz muss der Teufel fliehen.

Gegen das Trommeln des *Diabolus* bliesen die Hauptleute in der Stadt ihre silbernen Trompeten. Und während man im Lager des *Diabolus* nichts als gotteslästerliche Raserei, Wutausbrüche und schreckliche Flüche hörte, vernahm man in der Stadt nur gute Reden, Gebete und geistliche Lieder.

Jedes Mal, wenn die *Diabolianer* einen Angriff starteten, warfen die Stadtbewohner ihre Schleudersteine, und die Hauptleute bliesen die silbernen Trompeten; sie trugen silberne Rüstungen und ihre Soldaten undurchdringliche Brustpanzer (Eph. 6,11). So dauerte der Krieg mit wenigen Pausen mehrere Tage an.

Dabei wurden in der Stadt einige verwundet; aber die Wunden heilten bald, weil man die Blätter vom *»Baum des Lebens«* darauflegte (Off. 22,2). Von vielen aber waren die Wunden schlimm und stanken schon (Ps. 38,6), und von den schwächlichen Leuten starben sogar einige. Doch im Lager des *Diabolus* wurde eine erhebliche Anzahl getötet und verwundet.

Menschenseele behielt bei alldem die Oberhand. Das machte *Diabolus* und sein Heer immer wütender. In der Stadt fasste *Wille* noch mehrere *Diabolianer,* zum Beispiel Herrn *Alles-gleich* und dazu noch Herrn *Leichtfuß,* einen ihrer Anführer. Er war der

Spion der *Diabolianer.* Beide wurden dem Gefängniswärter *Treumann* übergeben.

Der Bürgermeister rief noch einmal jeden auf, seine Pflicht zu tun und wachsam zu sein. Und der Prediger *Gewissen* legte den Bewohnern von *Menschenseele* immer wieder die Worte von *El-Schaddai* auf Herz und Gewissen.

17

Ein Kampf auf Leben und Tod

Nun wurden die Hauptleute der Stadt *Menschenseele* durch ihre Erfolge übermütig (1.Kor. 10,12). Darum beschlossen sie, in der Nacht einen Angriff aus der Stadt auf das Lager des Feindes zu wagen, wo doch die Finsternis immer die vorteilhafteste Zeit für den Fürsten der Finsternis ist (1.Thess. 5,4-5). Welche Torheit! Als Anführer für diesen Angriff wurden die Hauptleute *Glaube, Gute-Hoffnung* und *Erfahrung* ausgewählt. Sie griffen dabei das feindliche Heer gleich an der stärksten Stelle an.

Diabolus und sein Heer schlugen als Experten für alle Werke der Finsternis sofort Alarm; aber auch Fürst *Immanuels* Trompeten erklangen. Von beiden Seiten fielen harte Schläge; doch die Hauptleute *Immanuels* kämpften so tapfer, dass das gesamte Heer des *Diabolus* zurückweichen musste. Dann mitten im Gefecht strauchelte Hauptmann *Glaube* in der Dunkelheit und fiel hin[1]. Er verletzte sich dermaßen, dass Hauptmann *Erfahrung* ihm helfen musste, sich wieder aufzurichten. Hauptmann *Glaube* schrie vor Schreck und Schmerzen laut auf, wodurch die anderen Hauptleute den Mut

1 Wenn der Glaube wankt, lässt man im Kampf nach.

verloren und ihr Siegeslauf plötzlich gehemmt wurde.

Das nutzte *Diabolus* aus und griff das Heer *Immanuels* aufs Neue mit teuflischer Wut an. Die Folge war, dass die drei Hauptleute *Glaube, Erfahrung* und *Gute-Hoffnung* so stark verwundet wurden, dass sie sich nur mit knapper Not in Sicherheit bringen konnten. Als das Heer des Fürsten *Immanuel* erkannte, wie schlimm es um ihre drei Hauptleute stand, flohen sie eilig in ihre Stadt zurück (Spr. 28,26). *Diabolus* aber war von seinem nächtlichen Erfolg so begeistert, dass er sich vornahm, *Menschenseele* in wenigen Tagen vollständig zurückzuerobern. Auch die noch übrig gebliebenen *Diabolianer* in der Stadt wurden wieder etwas fröhlicher.

Doch als der Feind am nächsten Tag an die Stadtmauer trat und die Übergabe forderte, entgegnete der tapfere Bürgermeister, dass sie niemals einzuwilligen bereit wären, solange ihr Fürst *Immanuel* lebe; denn die Stadt gehöre Ihm allein.

Danach stand auch Herr *Wille* auf und ließ *Diabolus* wissen: »Wir kennen deine Lügen nur allzu gut und wissen, was deine Herrschaft für uns bedeutet und welches Ziel du verfolgst. Denn wir sind von der Finsternis ins Licht und von der Macht Satans zu Gott übergegangen. Und wenn wir auch durch deine List viel verloren haben, werden wir uns doch nie wieder einem so grausamen Tyrannen ausliefern. Unsere Losung ist: Im Kampf entweder siegen – oder sterben!«

Diese Worte des Bürgermeisters und Oberbürgermeisters ließen *Diabolus* vorerst verstummen, obwohl seine Wut dadurch noch mehr erregt wurde. Aber für die Stadtbewohner und die drei Hauptleute war dieses Bekenntnis eine große Ermutigung.

Herr *Wille* beließ es nicht bei seinen Reden. Die *Diabolianer* in der Stadt hatten sich wieder zu einer Bande gesammelt, und nun stürzte er sich auf sie. Er schlug sie so nieder, dass manche dabei tödliche Wunden erhielten – unter anderem *Spitzfindigkeit, Hitzkopf, Naseweis* und *Murrer.* Die Folge war, dass die übrigen *Diabolianer* wieder in ihre Löcher flüchteten.

Währenddessen versammelte *Diabolus* seine Truppen für einen neuen Überfall. Diesmal wollten sie mit aller Macht das *Gefühlstor* angreifen. »Wenn es gelingen soll«, sagte er, »müssen alle das Feldgeschrei erheben: ›Höllenfeuer! Höllenfeuer!‹«

In der folgenden Nacht griffen sie dann das *Gefühlstor* mit solcher Gewalt an, dass es bald aufgerissen wurde, weil hier kaum Wachen standen. So platzierte *Diabolus* nun die Hauptleute *Qual* und *Ruhelos* in das Tor. Mit den übrigen stürmte er flutartig in die Stadt hinein.

Zwar boten die Hauptleute *Immanuels* heftigen Widerstand, aber drei von ihnen lagen bald verwundet am Boden. In der Stadt hatte man mit den vielen eingedrungenen *Zweiflern* alle Hände voll zu tun; doch gegen diese Übermacht konnte man nichts ausrichten. So zog man sich auf das Schloss zurück. Dies tat man nicht nur der eigenen Sicherheit wegen. Vielmehr wollten sie das Schloss als die königliche Residenz *Immanuels* für Ihn erhalten und es bis zum letzten Blutstropfen verteidigen.

Das Heer des *Diabolus* hatte nun ungehinderten Zugang zur Stadt und konnte mit ihnen machen, was es wollte. Aus allen Ecken erscholl das Geschrei: »Höllenfeuer! Höllenfeuer!«, dazu dröhnte die teuflische Trommel. *Diabolus'* Soldaten nahmen alle Häuser der Stadt ein, auch das Haus des Predigers, des Bürgermeisters und das des Oberbürgermeisters. Die ganze Stadt war voll von diesem Ungeziefer. Überall ging es wüst zu und herrschte wildes Treiben. Viele kleine Kinder wurden ermordet, sogar die Ungeborenen im Mutterleib wurden getötet, und Frauen wurden missbraucht und schwer geschändet.

Die ganze Stadt glich einer Drachenhöhle, einer öden Wildnis und einem finsteren Ort. Überall gab es tödliche Verwundungen (2.Kor. 12,7). Herrn *Gewissen* wurde dermaßen zugesetzt, dass er weder am Tag noch in der Nacht Ruhe fand. Hätte nicht *El-Schaddai* über ihn gewacht, hätten sie ihn sicher totgeschlagen. Auch Herr *Verstand* wurde so misshandelt, dass er beinahe sein Augenlicht verlor. Und wäre Herr *Wille* nicht noch rechtzeitig in den Palast geflüchtet, dann hätten sie ihn ganz sicher in Stücke zerhauen.

In welch schrecklichem Zustand befand sich *Menschenseele* jetzt! Man hätte tagelang durch die Straßen laufen können, ohne einem ihrer Einwohner zu begegnen. Die schändlichen, schmutzigen Lieder und gotteslästerlichen Reden der *Diabolianer* dröhnten überall, und ihre in der Stadt versteckten Kumpanen krochen aus ihren Löchern hervor und gingen Arm in Arm mit den *Zweiflern* einher.

Dennoch konnten die *Diabolianer* nicht ihre Ruhe genießen. Dauernd lagen sie im Streit mit den Einwohnern, weil diese sich nicht einfach alles wegnehmen ließen. Sie widersetzten sich, so gut sie konnten (Röm. 7,15.22-24). Von dem Schloss aus schleuderten die Hauptleute weiterhin Steine nach den Feinden. Diese versuchten immer wieder, die Tore des Palastes aufzubrechen; doch es gelang ihnen nicht, denn der tapfere Herr *Gottesfurcht* hielt dort Wache.

Nachdem dieser Zustand in *Menschenseele* etwa zweieinhalb Jahre angehalten hatte, kamen die Ältesten und Vornehmsten der Stadt zusammen, beklagten ihr Elend und beschlossen, wieder ein Bittschreiben an *Immanuel* zu richten. Herr *Gottesfurcht* machte aber darauf aufmerksam, dass der Fürst ein solches Schreiben niemals annehmen werde, das nicht der *Höchste Berater* Selbst unterschrieben habe. »Das ist auch der Grund, weshalb wir die ganze Zeit über kein Gehör bei Ihm gefunden haben«, erklärte *Gottesfurcht.* »Er muss das Schreiben auch Selbst entwerfen (Röm. 8,26). Der Fürst kennt die Handschrift Seines Beraters genau. Darum rate ich euch, zu dem *Höchsten Berater* zu gehen, Ihn um Hilfe anzurufen und euch Ihm ohne allen Vorbehalt anzuvertrauen« (Joh. 6,63).

Da sich der *Höchste Berater* glücklicherweise immer noch im Schloss aufhielt, hatten es die Hauptleute gar nicht weit zu Ihm. Er empfing sie diesmal sehr freundlich. Sie baten Ihn, ein Bittschreiben an *Immanuel* zu verfassen und durch Ihn auch an Seinen Vater.

Der *Höchste Berater* fragte, was denn in dem Schreiben stehen sollte. »Das weißt Du am besten«, antworteten sie. »Du weißt alles über den traurigen Zustand von *Menschenseele.* Du weißt, wie sie so sehr in Verfall geraten ist und wer jetzt gegen uns streitet.«

»In Ordnung«, antwortete der *Höchste Berater,* »Ich werde eine Bitte formulieren und sie mit eigener Hand unterschreiben. Aber ihr müsst Mir eure innersten Herzenswünsche mitteilen. Die Feder und die Hand sind von Mir, doch das Papier und die Tinte kommen von euch; sonst könntet ihr nicht behaupten, es sei eure Bitte. Es gelangt auch keine Bitte in Meinem Namen zu *Immanuel* oder zu Seinem Vater, wenn es sich nicht um eine Herzenssache eurerseits handelt.«

Nachdem das Bittschreiben aufgesetzt war, wurde die Frage geäußert, wer sie überbringen sollte. Der *Höchste Berater* riet dazu, dass Hauptmann *Glaube* diesen Dienst tun sollte. Dieser war auch gern bereit dazu, obwohl er noch lahm war.[2]

Die Bitte lautete etwa wie folgt: »Auch wenn wir von Dir abtrünnig geworden sind, berufen wir uns auf Deine Langmut. Und obwohl wir es nicht verdient haben, flehen wir doch um Vergebung unserer Vergehen (Dan. 9,17-19). Trotz des traurigen Zustands der Stadt kann die Gnade von *El-Schaddai*

2 Der Glaube hat seine frühere Kraft noch nicht wiedererlangt.

doch alles wiederherstellen. Wir bekennen, dass unsere Hauptleute verwundet und geschwächt sind, während die Feinde leben und sich ihrer Kraft rühmen. Unsere Weisheit und Kraft sind dahin, weil Du uns verlassen hast. Wir haben nichts als Sünde und Schande zu bieten. Erbarme Dich unser, o Herr, und errette uns aus den Händen unserer Feinde!«

Hauptmann *Glaube* brachte dieses Bittschreiben durch das *Mundtor* hinaus.

Als *Diabolus* davon hörte, wurde er wütend und drohte, diese Botschaft zu vereiteln. Aber er wusste, dass sie fort war, und so zitterte und raste er. Wieder ließ *Diabolus* seine Trommeln schlagen.

»O *Diabolianer*«, redete er seine Leute an, »ihr seht, dass wir die Stadt beinahe vollständig eingenommen hatten; aber nun haben sie es geschafft, ein Bittschreiben an *Immanuel* zu senden. Deshalb rufe ich euch auf: Unterdrückt die Einwohner der Stadt noch mehr und plagt sie mit euren Listen! Richtet so viel Unheil wie möglich an!«

Jetzt ging *Diabolus* selbst zum Tor des Palastes und befahl, sofort zu öffnen. Aber Herr *Gottesfurcht* erwiderte, das werde keinesfalls geschehen (1.Pt. 5,9-10).

»Liefere mir dann aber wenigstens den Überbringer des Schreibens aus!«, forderte *Diabolus* ihn auf.

»Ja«, ergänzte Herr *Torheit,* ein echter *Diabolianer,* »denn es ist besser, dass *ein* Mensch stirbt, als dass die ganze Stadt zugrunde geht!«

Gottesfurcht aber entgegnete: »Meinst du, ich wisse nicht, dass es mit der ganzen Stadt aus wäre, wenn wir *Glaube* an *Diabolus* auslieferten? Da könnten wir dir die Stadt genauso gut gleich ganz übergeben« (Joh. 3,18).

»Du verderblicher Tyrann!«, rief Herr *Verstand.* »Wir werden auf keines deiner Worte hören!«

»Hofft ihr etwa noch auf Befreiung?«, schimpfte *Diabolus.* »Ihr habt zwar ein Bittschreiben an *Immanuel* gesandt; aber ihr seid mit so viel Bosheit erfüllt, dass kein aufrichtiges Gebet aus eurem Mund kommen kann. *Immanuel* Selbst ist ja gegen euch!«

»Es stimmt, wir haben gesündigt«, antwortete *Verstand,* »aber unser Fürst hat gesagt: *›Wer zu Mir kommt, den werde Ich nicht hinausstoßen‹ (Joh. 6,37).* Außerdem hat Er versprochen, dass jede Sünde und Lästerung den Menschen vergeben werde. Darum verzweifeln wir nicht« (Mt. 12,31; Eph. 6,16).

Inzwischen war Hauptmann *Glaube* vom königlichen Hof zurückgekehrt. *Verstand* ging sofort zu ihm und fragte mit Tränen in den Augen, welche Neuigkeit er vom Hofe mitgebracht habe. Doch als er den

Hauptmann ansah, versiegten seine Tränen schnell. »Sei guten Mutes, Herr Bürgermeister!«, antwortete ihm dieser. »Alles wird zu seiner Zeit gut werden!«

Alle Hauptleute und Ältesten wurden zusammengerufen. Als sie beisammen waren, öffnete *Glaube* das mitgebrachte Paket. Darin befanden sich mehrere Briefe.

Der erste war für den Bürgermeister *Verstand*. Darin drückte Fürst *Immanuel* Seine Wertschätzung über ihn aus, dass er sein Amt so lange und treu ausgeübt, *Diabolus* so tapfer widerstanden habe und für seinen Fürsten eingetreten sei. In Kürze würde er seinen Lohn dafür empfangen.

Der zweite Brief war für Oberbürgermeister *Wille*. In diesem teilte ihm der Fürst mit, dass Er mit Genugtuung zur Kenntnis genommen habe, wie *Wille* mit Mut und Tapferkeit für die Ehre seines Herrn geeifert habe, indem er über die Stadt gewacht und die *Diabolianer* unter Kontrolle gebracht habe. Er würde dafür seinen Lohn bekommen.

Der dritte Brief war für den Prediger *Gewissen*. Sein Fürst habe bemerkt, dass er sein Amt ehrlich und getreu verwaltet habe, indem er die Bewohner von *Menschenseele* jederzeit gewarnt, ermahnt und schließlich unter dem Beistand des Hauptmanns *Erschütterung* zur Buße und zum Fasten aufgerufen hatte. Hierfür würde auch er seinen Gnadenlohn empfangen.

Der vierte Brief war an Herrn *Gottesfurcht* gerichtet. *Immanuel* ließ ihn wissen, Er habe wohl mitbekommen, dass er der erste war, der *Fleischliche-Sicherheit* in *Menschenseele* entlarvt hatte. Genauso sei dem Fürsten *Immanuel* bekannt geworden, wie standhaft *Gottesfurcht* die Tore des Palastes bewacht und den Stadtbewohnern mit weisem Rat den Weg dahin gezeigt habe, wie eine Bitte an *Immanuel* verfasst werden müsse. Auch er würde seinen Lohn bald erhalten (Hebr. 6,10).

Dann war da noch ein Brief an die ganze Stadt. Darin stand: »Ich weiß sehr wohl, dass ihr viele Bitten an Mich gerichtet habt, und jetzt habe Ich eure Bitte in Gnaden angenommen. Denn Ich habe Wohlgefallen daran, dass euer Herz endlich fest zu werden scheint (Hebr. 13,9) und auf Mich gerichtet ist, indem ihr weder durch *Diabolus* Schmeicheleien noch durch seine Drohungen und schrecklichen Verwüstungen den Glauben aufgegeben habt.«

Am Ende dieses Briefes teilte ihnen *Immanuel* mit, Er habe die Stadt dem *Höchsten Berater* und dem Hauptmann *Glaube* übergeben. »Folgt ihrer Leitung und seid ihnen gehorsam; dann werdet auch ihr euren Gnadenlohn empfangen!« Damit endete *Immanuels* Botschaft an sie.

Nachdem der Bericht verlesen war, zog sich Hauptmann *Glaube* zu einem intensiven vertraulichen Gespräch mit dem *Höchsten Berater* zurück, denn sie waren eng miteinander verbunden und wussten mehr als alle anderen darüber, wie es mit *Menschenseele* weitergehen würde. Der *Höchste Berater* liebte den Hauptmann auch sehr und kümmerte sich um ihn. Nach einiger Zeit setzte Er ihn im Namen *Immanuels* zum Statthalter und obersten Befehlshaber über alle Streitkräfte in *Menschenseele* ein.

Daraufhin machte *Gewissen* im Namen *Immanuels* der Stadt *Menschenseele* bekannt, dass die Bewohner auf das Kommando des Hauptmanns *Glaube* hören und unter seiner Leitung die Kriege gegen *Diabolus* führen sollten (Röm. 1,5; 16,26; 1.Joh. 5,4). Das war jetzt sowieso der Wunsch von allen. Sie wussten schon längst, was sie diesem edlen Hauptmann verdankten.

18

Immanuel kommt zurück!

D*iabolus* war außer sich, als er erfuhr, dass die Stadt von *Immanuel* erhört worden war. Und er wusste, dass er keine Chance hatte, das Schloss einzunehmen, solange Herr *Gottesfurcht* darin blieb.

So hielt er mit seinen Vornehmsten Rat. Schnell war man sich einig, dass man eine neue List erfinden müsse, um in den Palast eindringen zu können. Einer schlug vor, das Heer des *Diabolus* vorerst zurückzuziehen, um die Einwohner von *Menschenseele* in Sorglosigkeit zu wiegen. Ein anderer gab den Rat, einen Hinterhalt zu legen. Doch *Apollyon* hatte die beste Idee: »Wenn man die ganze Stadt erobern will, muss man die Einwohner zur Sünde verleiten!«

Dazu äußerte *Luzifer* einen schlauen Plan. Er schlug vor: »Jeder listige *Diabolianer* verkleidet sich als einen weitgereisten Kaufmann und bietet seine Waren auf dem Markt der Stadt an – wenn nötig zu Spottpreisen, damit sie nur ja gekauft werden. Wenn die Einwohner dann reich geworden sind, vergeht ihre Wachsamkeit ganz von selbst (Off. 3,17). Somit könnte man das Schloss leicht in ein Waren- und Lusthaus verwandeln. Das ist viel nützlicher als das Aufrüsten der Garnison. ›Der Betrug des Reichtums erstickt das Wort‹ (Mt. 13,22). Wenn uns das gelingt, werden die Einwohner sehr schnell solche *Diabolianer* wie *Überfluss, Verschwendung* und *Prahlsucht* in ihren Dienst stellen.«

Diesen Plan sah man als ein teuflisches Meisterwerk an.

Aber wie der Plan doch zunichte gemacht wurde (Jes. 8,10; 1.Kor. 10,13; 15,58)! Hauptmann *Glaube* erhielt zu gleicher Zeit einen Brief vom Fürsten *Immanuel.* Er begriff den Inhalt nicht, denn darin stand, dass *Immanuel* ihn am dritten Tag in der Ebene rings um *Menschenseele* treffen wolle. So ging *Glaube* mit dem Brief zum *Höchsten Berater,* um Ihn darüber zu befragen.

Nach kurzer Zeit bekam er Antwort: »Die *Diabolianer* haben heute Kriegsrat gegen diese Stadt gehalten; sie beabsichtigen, die ganze Stadt zu verwüsten. Dafür wollen sie sich vorerst aus ihr entfernen und sich ruhig verhalten, um zu sehen, ob ihr Plan gelingt. Ihr aber sollt mit euren Truppen des Fürsten bereitstehen, um die *Diabolianer* am dritten Tag draußen in der Ebene anzugreifen. Ihr sollt sie von der einen Seite aus anfallen und der Fürst wird sie dann mit einer großen Streitmacht von der anderen

Seite bekämpfen, sodass das Heer der *Diabolianer* vernichtet wird.«

Als Hauptmann *Glaube* das hörte, wurde er sehr froh und teilte diese Botschaft den anderen Hauptleuten mit. Er befahl den Trompetern, auf die Zinnen des Palastes zu steigen. Sie sollten von dort aus ihre herrlichste Musik erklingen lassen. Sofort befolgten sie den Befehl. Das verwirrte *Diabolus.* »Was treiben diese Verrückten da?«, fragte er sich.

Jemand antwortete ihm: »Sie freuen sich darüber, dass ihr Fürst *Immanuel* kommt, um *Menschenseele* zu befreien.«

Nach kurzer Beratung fanden die *Diabolianer* es dann doch am besten, sich aus der Stadt zurückzuziehen. So lagerten sie sich draußen, dem *Augentor* gegenüber. Schließlich besaßen sie das Schloss ja doch noch nicht, in das sie sich bei einem Angriff hätten zurückziehen können. Außerdem konnten sie außerhalb der Stadt leichter die Flucht ergreifen, während sie innerhalb zu sehr von den Steinschleudern bedroht waren.

Früh am Morgen des dritten Tages griff Hauptmann *Glaube* mit seinen Truppen die *Diabolianer* an. Der Hauptmann hatte seinen Leuten gesagt, sie würden *Immanuel* in der Ebene zu sehen bekommen. Das war Balsam für ihr Herz, das ihren Fürsten so lange entbehrt hatte.

Als das Heer durch das *Ausfallstor* nach draußen marschierte, rief es auf Anweisung ihres Hauptmanns laut: »Das Schwert des Fürsten *Immanuel* und der Schild des Hauptmanns *Glaube*!« Sie verstanden diesen Ruf. Er bedeutete: Sieg gibt es durch Gottes Wort und Glauben!

Hauptmann *Erfahrung,* der noch vom letzten Kampf verwundet war, kam ebenfalls auf Krücken zu ihnen hinausgehinkt. Anfangs waren die Feinde darüber sehr verwundert; aber das Heer griff sie immerzu mit unbezwingbarem Mut und aller Gewalt mit seinem zweischneidigen Schwert an (Hebr. 4,12). Die *Diabolianer* leisteten zwar heftigen Widerstand, doch Hauptmann *Glaube* und Herr *Wille* behielten die Oberhand (1.Joh. 5,4). Letzterer griff das Heer der *Zweifler-an-der-Auserwählung* mit ungeheuren Kräften an. Gemeinsam mit Hauptmann *Glaube* brachte er sie in große Verwirrung.

Hauptmann *Gute-Hoffnung* brachte die *Zweifler-an-der-Berufung* um. Hauptmann *Erfahrung* half ihm tüchtig dabei. Der *Höchste Berater* befahl, man solle von dem Schloss aus Schleudersteine werfen. Seine Leute konnten aufs Haar genau treffen. Dabei sprengten sie die *Diabolianer* auseinander. Aber diese wagten einen zweiten Angriff auf die Nachzügler des Fürsten *Immanuel* und brachten sie ins Wanken; doch bei dem Gedanken daran, dass sie heute noch das Angesicht des Fürsten sehen würden, fassten alle wieder Mut (Ps. 94,18). Aber … *Immanuel* war immer noch nicht da!

Als der Kampf ein wenig abflaute, ermunterte Hauptmann *Glaube* seine Leute und lobte ihre Tapferkeit und Treue. »Sehr bald werdet ihr *Immanuel* sehen!«, rief er. Kaum hatte er das gesagt, teilte ihm ein Herr *Eilends* mit, *Immanuel* sei schon in der Nähe.

Sobald auch die Offiziere und Soldaten das vernahmen, erhob sich das ganze Lager wie neu belebt. Und wieder rief man: »Das Schwert des Fürsten *Immanuel* und der Schild des Hauptmanns *Glaube*!« Das Heer der *Diabolianer* verlor dadurch den Mut, und viele *Zweifler* fielen tot nieder.

Da erhob Hauptmann *Glaube* seine Augen und erblickte den Fürsten *Immanuel*! Mit fliegenden Fahnen und unter lautem Trompetenschall eilte Er ihnen zu Hilfe. Er drang von der anderen Seite auf den Feind ein, sodass dieser zwischen dem Heer *Immanuels* und dem des Hauptmanns eingeschlossen war. Da jauchzten die Soldaten des Hauptmanns so laut, dass die Erde erbebte.

Diabolus und seine Vornehmsten flohen; aber sein Heer wurde vollkommen geschlagen. Nicht ein *Zweifler* blieb am Leben.

Dann folgte der herrliche Einzug *Immanuels* in die Stadt.

1.

Die Tore der Stadt und des Palastes wurden geöffnet. Die Ältesten stellten sich in die Tore, und als *Immanuel* nahte, empfingen sie Ihn mit den Worten: *»Macht die Tore weit und die Türen der Welt hoch, damit der König der Herrlichkeit einzieht!« (Ps. 24,7-10; LU21).*

2.

Auf dem ganzen Weg von den Stadttoren bis zu den Toren des Schlosses wurde die hohe Majestät des Fürsten im Wechselgesang gepriesen. Man sang: *»Man sieht, o Gott, Deinen Einzug, den Einzug meines Gottes, meines Königs, ins Heiligtum!« (Ps. 68,25).*

3.

Die Hauptleute standen an den Toren Spalier und begleiteten dann den Fürsten auf Seiner rechten und linken Seite zum Palast hin. Voran ging Hauptmann *Glaube* mit Hauptmann *Gute-Hoffnung*. Dahinter kam Hauptmann *Liebe* mit den anderen Hauptleuten und zum Schluss Hauptmann *Geduld*.

Der Fürst *Immanuel* Selbst war in eine goldene Rüstung gekleidet, und Sein Wagen trug silberne Säulen und goldene Lehnen (Hl. 3,10).

4.

Die Straßen der Stadt waren mit Lilien und anderen Blumen bestreut; mit grünen Zweigen von den Bäumen hatte man zum Schmuck Triumphbogen errichtet. Die Bürger der Stadt standen am Weg vor ihren geschmückten Häusern und hießen *Immanuel* willkommen: *»Gepriesen sei Der, welcher kommt im Namen des HERRN!« (Ps. 118,26).*

5.

An dem Schlosstor warteten schon die Ältesten der Stadt: der Bürgermeister *Verstand,* der Oberbürgermeister *Wille,* der Prediger *Gewissen,* der Stadtschreiber *Erkenntnis,* Herr *Gemüt* und andere. Sie verbeugten sich vor dem Fürsten und küssten Seine Füße (1.Thess. 5,23). Der Palast, die königliche Residenz, war herrlich geschmückt und zubereitet durch den *Höchsten Berater* und Hauptmann *Glaube* (1.Kor. 12,3).

6.

Die Einwohner der Stadt strömten nun zu dem Fürsten, um ihren Rückfall in Sünde und Bosheit zu beweinen und um Vergebung zu bitten.

Darauf sagte der Königssohn: *»Weint nicht! ... Denn die Freude am HERRN ist eure Stärke!« (Neh. 8,9-10).* Er hob sie empor, liebkoste sie sogar und drückte sie an Sein Herz.

Die Ältesten und die Offiziere der Stadt bekamen von dem Fürsten goldene Ketten und einen Siegelring.

Dann sprach *Immanuel* zu *Menschenseele*: »Haltet eure Kleider immer rein, benutzt reichlich Öl für euer Haupt (Pred. 9,8; 1.Joh. 2,27), legt euren Schmuck an und kommt zu Mir in das Schloss!«

Also gingen sie hin zu der Quelle, die geöffnet ist für Juda und Jerusalem, um sich zu reinigen (Sach. 13,1). Ihre Kleider wurden darin weiß gemacht (Off. 7,14-15). Als sie danach im Palast vor dem Fürsten standen, herrschte überall große Freude, denn *Menschenseele* hatte sich Ihm ganz hingegeben. Das zeigte sich auch daran, dass sie nun in der Stadt noch eifriger die übriggebliebenen *Diabolianer* aufspürte. Herr *Wille* wurde dabei zu einem noch größeren Schrecken für jene als je zuvor (Kol. 3,5).

Außerdem gab *Immanuel* den Befehl, draußen vor der Stadt, wo das Schlachtfeld war, die Toten zu begraben, die durch Sein Schwert umgekommen waren, damit der schreckliche Leichengeruch die Luft nicht verpestete (1.Kor. 5,7). Das geschah unter der Aufsicht der beiden Herren *Gottesfurcht* und *Aufrichtig*. Kein Knochen und kein Schädel eines *Zweiflers* und keine feindliche Waffe sollten unbegraben bleiben (2.Kor. 5,11; Lk. 14,33; Mt. 5,29-30). Jeder Gedanke an sie sollte ausgetilgt werden.

Alle restlichen *Zweifler* wurden getötet; aber leider konnten die Fürsten und Hauptleute des *Diabolus* und der alte Herr *Unglaube* entfliehen. Doch alles, was an *Diabolus* erinnerte, wurde in der Erde vergraben.

Danach nahm auch Herr *Gottes-Friede* sein Amt in der Stadt wieder wahr, so wie in früheren Tagen.

19

Neue Listen des Diabolus

Nachdem *Diabolus* mit seinem alten Freund *Unglaube* zurückgekehrt war, wütete er herum und sann auf Rache, weil er die zuvor von ihm beherrschte Stadt verloren hatte. Ja, all die teuflischen Geister würden nie Ruhe geben, solange sie nicht die Einwohner von *Menschenseele* mit Leib und Seele verschlungen hätten.

Darum stellte er jetzt ein gemischtes Heer aus *Zweiflern* und *Blutmenschen* auf. Die *Zweifler* kamen aus einem Land, das zwischen der Landschaft *Finsternis* und dem *Tal der Todesschatten* lag; sie waren finstere, harte, wilde Leute. Ihre Eigenart war es, alle Wahrheiten *Immanuels* zu bezweifeln. Die *Blutmenschen* hatten ein boshaftes, wüstes Wesen. Ihr Land hieß *Widerwille-gegen-das-Gute*. Die *Blutmenschen* waren eng mit den *Zweiflern* befreundet, denn Glaube und Vertrauen liegt solch bitterbösen Menschen fern.

Dieses gewaltige Heer von insgesamt 25 000 Mann stand unter dem Oberkommando des alten Herrn *Unglaube*. Ihre Hauptleute gehorchten den Oberteufeln *Beelzebul, Luzifer, Apollyon* wie auch weiteren Teufeln. *Diabolus* vertraute bei dem geplanten Angriff mehr auf die *Blutmenschen* als auf die *Zweifler*.

Denn die *Blutmenschen* hatten ganz berühmte Hauptleute:

- Hauptmann *Kain* mit seinen Männern voller Fanatismus und Neid. Auf ihrem Wappen war eine Mordkeule zu sehen (1.Mo. 4,8).
- Hauptmann *Nimrod* mit seinen tyrannischen und räuberischen *Blutmenschen,* die sich überall einmischen. Auf ihrem Wappen stand ein großer Bluthund der Jäger (1.Mo. 10,8-9).
- Hauptmann *Ismael* mit seinen Spöttern und Verächtern. Auf seinem Wappen stand einer, der Isaak, den Sohn Abrahams, verspottete (1.Mo. 21,9-10).
- Hauptmann *Esau* mit den Männern, die den Gesegneten des Herrn ewige Rache geschworen haben; sie sind von teuflischer Wildheit geprägt. Auf ihrem Wappen war einer zu sehen, der Jakob heimlich ermorden wollte (1.Mo. 27,42-45).
- Hauptmann *Saul* mit den Männern, die in ihrem Neid und ihrer teuflischen Grausamkeit den Erwählten des Herrn den Tod geschworen

haben. Auf ihrem Wappen sah man drei blutige Spieße, die auf den unschuldigen David geworfen wurden (1.Sam. 18,10-11).

- Hauptmann *Absalom* mit seinen Männern, die sogar bereit waren, den Vater und Freund zu ermorden; die sich freundlich stellen, bis sie jemanden mit dem Schwert durchbohren können. Auf ihrem Wappen stand ein Sohn, der auf das Blut seines Vaters lauert (2.Sam. 15,14).
- Hauptmann *Judas* mit seinen Männern, die für Geld bereit waren, jemanden umzubringen und ihren Freund mit einem Kuss zu verraten. Auf ihrem Wappen sah man dreißig Silberlinge und eine Halsschlinge (Mt. 26,14-16; 27,5).

All diese *Blutmenschen* hatten dem *Diabolus* schon mehrfach zu Diensten gestanden. Sie glichen wilden, blutrünstigen Tieren (Jes. 59,7; Ps. 5,7), die vor niemandem zurückschreckten, auch nicht vor der Obrigkeit, ja nicht einmal vor dem HERRN der Herren. Sie scheuten sich auch nicht vor dem Mord an Vater, Mutter, Bruder und Schwester.

Als das gewaltige Heer sich der Stadt näherte, hatte Herr *Scharfsichtig* die Gefahr schon längst bemerkt; auf seine Meldung hin wurden sofort die Tore von *Menschenseele* geschlossen.

Das Heer des *Diabolus* umzingelte nun die Stadt. Die *Zweifler* lagen vor dem *Gefühlstor* und die *Blutmenschen* vor dem *Ohr-* und dem *Augentor*.

Herr *Unglaube* gab einen dringenden Befehl aus und forderte die sofortige Übergabe von *Menschenseele* – sonst würde sie verbrannt werden. Das einzige Ziel der *Blutmenschen* bestand jedoch in der Verwüstung der Stadt. Jeder von ihnen dürstete nur nach Blut. Zu morden war immer das letzte Ziel des *Diabolus*, wenn alle anderen Mittel versagt hatten.

Der Befehl des Herrn *Unglaube* gab in der Stadt viel zu denken; aber man wollte sich nicht mehr auf die eigene Klugheit und Macht verlassen (Ps. 118,8-9) und beschloss darum einstimmig, diesen Befehl *Immanuel* vorzulegen mit der Bitte: »Herr, rette *Menschenseele* von diesen *Blutmenschen* (Ps. 59,3-4)!«

Immanuel nahm die Bitte sofort an, dachte darüber nach und rief dann Hauptmann *Glaube* zu sich. Dieser erhielt den Auftrag, zusammen mit Hauptmann *Geduld* (Hebr. 12,1; Kol. 3,12) die Stadt *Menschenseele* auf der Seite zu beaufsichtigen, wo sich die *Blutmenschen* lagerten (Off. 13,10). Gleichzeitig sollten die Hauptleute *Gute-Hoffnung* und *Liebe* mit Herrn *Wille* die andere Seite der Stadt schützen. Hauptmann *Erfahrung* wurde befohlen, seine Leute auf den Marktplatz marschieren zu lassen und dort jeden Tag mit ihnen zu üben.

Zwar hätte *Immanuel* in Seiner großen Kraft die Feinde sofort niederwerfen können (Joh. 18,6; Mt. 26,53-54), aber Er hatte andere Pläne (Joh. 18,11; Hebr. 5,8-9). Darum dauerte die Belagerung eine lange Zeit (Jak. 1,2-4.12), während dieser die *Blutmenschen Menschenseele* häufig angriffen. Viele gefährliche Scharmützel fanden statt.

Besonders der Hauptmann *Selbstverleugnung*, der das *Ohr*- und das *Augentor* bewachte, musste vieles aushalten. Er war noch jung, aber mutig. *Immanuel* hatte ihn zum Obersten über tausend gemacht. Dieser tapfere Mann wagte oft kühne Ausfälle gegen die *Blutmenschen* und lieferte sich manches Gefecht mit ihnen, wobei er sich etliche Wunden zuzog, die er aber nicht beachtete (Mt. 16,24-25). Auch die Hauptleute *Glaube, Gute-Hoffnung* und *Liebe* übten sich an den ihn zugewiesenen Plätzen ebenso tapfer im Kampf.

Nachdem *Immanuel* sich überzeugt hatte, dass alle Seine Mannschaften nun genug im Kampf erprobt waren, rief Er eines Tages Seine Hauptleute und Soldaten zusammen und teilte sie in zwei Gruppen auf. Sie sollten zu einer bestimmten Zeit am frühen Morgen den Hauptschlag gegen die Feinde ausführen. Die eine Gruppe sollte die *Zweifler* angreifen und von ihnen so viele wie möglich töten. Die andere Gruppe sollte die *Blutmenschen* angreifen, durfte sie aber nicht umbringen, sondern musste sie lebendig fangen und am Leben lassen (Mt. 5,44; Joh. 18,36; Apg. 7,59-60). Genauso geschah es. Die Hauptleute *Gute-Hoffnung, Liebe, Unschuld* und *Erfahrung* griffen die *Zweifler* an. Die Hauptleute *Glaube, Geduld* und *Selbstverleugnung* fielen über die *Blutmenschen* her.

Die *Zweifler* bliesen schnell zum Rückzug; viele wurden niedergeschlagen, aber man konnte sie längst nicht alle zu fassen kriegen. So entkamen sie, zogen im Land umher und übten an vielen Heuchlern, Ungläubigen und verfinsterten Menschen und Völkern ihr Teufelswerk aus. Solche Leute wehrten den *Zweiflern* gar nicht, sondern ließen sich sehr leicht von ihnen versklaven.

Manchmal kamen die *Zweifler* in kleinen Gruppen sogar noch in die Nähe der Stadt *Menschenseele*; doch wenn sich die Hauptleute *Glaube, Gute-Hoffnung* oder *Erfahrung* sehen ließen, flohen sie sofort.

Diejenigen, die die *Blutmenschen* angreifen sollten, taten ebenfalls, was ihnen befohlen war: Sie vergalten nicht Böses mit Bösem (1.Pt. 2,21.23), suchten ihre Feinde nicht zu töten, sondern sie umzingelten sie nur, um sie gefangen zu nehmen. Dabei zeigten sie sich sehr geschickt im Abfangen der Hiebe dieser brutalen Menschen.

Es zeigte sich, dass die *Blutmenschen,* so grausam sie auch sonst taten, doch nur elend feige Herzen hatten. Als sie sich vom Heer des Fürsten umgeben sahen, versuchten einige zu fliehen; die anderen waren auf einmal wie verwandelt und ließen sich festnehmen. Die Gefangenen wurden vor *Immanuel* zum Verhör gebracht.

Dabei stellte sich heraus, dass es drei Arten von *Blutmenschen* gab:

1. Die erste kam aus der Gegend des *Blindmanns.* Sie taten ihr Werk in purer Unwissenheit (1.Tim. 1,13).

2. Die zweite Art kam aus der Gegend des *Blinden Eifers.* Sie trieben ihr Werk aus gottlosem Aberglauben heraus (Joh. 16,2).

3. Die dritte Art stammte aus der Stadt *Boshaftigkeit* in der Gegend *Neid.* Sie sannen nur auf

Böses, Schaden und Blutvergießen. Das waren die echten *Blutmenschen* (Jer. 8,6).

Die erste Gruppe stand zitternd vor *Immanuel.* Als ihnen die Augen aufgetan wurden, flehten sie Ihn um Gnade an. Und sie flehten nicht vergeblich: Er reichte ihnen Sein goldenes Zepter.

Die zweite Gruppe verteidigte ihren Frevel hartnäckig; ihre Mordtaten gaben sie als Heldentaten aus. Nur wenige von ihnen sahen ihr Unrecht ein. Und nur wer um Gnade flehte, empfing sie auch.

Die *Blutmenschen* aus der Gegend *Neid* blieben dagegen unbeeindruckt. Ihnen tat nichts leid, und sie verbargen nicht einmal ihre Wut darüber, dass ihnen ihre blutigen Absichten nicht gelungen waren. Sie wurden gebunden, um einst beim großen Endgericht verurteilt zu werden (Off. 20,12).

Eines Tages drangen vier *Zweifler* in die Stadt *Menschenseele* ein und fanden bei dem alten Herrn *Listiger-böser-Zweifler* eine Unterkunft. Sie hießen *Zweifler-an-der-Auserwählung, Zweifler-an-der-Berufung, Zweifler-an-der-Errettung* und *Zweifler-an-aller-Gnade.*

Der alte Herr, der ein großer Feind von *Menschenseele* war, fühlte sich sofort mit ihnen verbunden, und die *Zweifler* freuten sich, bei ihm Obdach zu finden. Die *Zweifler* erzählten ihm, dass ihr Heer geflohen sei, weil ihr General Herr *Unglaube* davongelaufen war. Der alte Herr bedauerte dies sehr und ermahnte die vier, sich vor allem vor dem Herrn *Wille* in Acht zu nehmen. »Er ist der grausamste Feind der *Diabolianer.*«

Aber der tapfere Herr *Fleiß* entdeckte auf seiner Erkundungsreise durch die Stadt, dass *Listiger-böser-Zweifler* diese *Diabolianer* in seinem Haus beherbergte. *Fleiß* belauschte die Gespräche und meldete alles Herrn *Wille*. Sogleich kam dieser mit ihm. *Fleiß* wies ihm den Weg, und so wurden der alte Herr und die vier *Zweifler* gefangen genommen und vor Gericht gestellt (Ps. 18,38).

Listiger-böser-Zweifler wurde zuerst verurteilt. Er leugnete seinen Namen und nannte sich stattdessen *Ehrenhafter-Forscher.* Aber die zwei Zeugen *Wille* und *Fleiß* bewiesen zur Genüge, dass der erstgenannte Name der richtige sei. Man beschuldigte ihn, Feinde des Königs beherbergt zu haben. Auch diese Anschuldigung wies er von sich, indem er behauptete, dass er diese Männer nicht gekannt habe und nur eine gute Tat hatte tun wollen. Daraufhin machte man ihm wiederholt deutlich, dass diese Männer Feinde des Königs waren, und verhängte dann die Todesstrafe über ihn.

Nach ihm verurteilte man auch die eingedrungenen *Zweifler. Zweifler-an-der-Auserwählung* wurde beschuldigt, die Allwissenheit, Macht und Souveränität von *El-Schaddai* über Seine Geschöpfe zu leugnen (Eph. 1,3-6; Röm. 9,10-24). *Zweifler-an-der-Berufung* war ein echter *Diabolianer,* der behauptete, dass keine persönliche Berufung zur Errettung nötig sei (2.Tim. 1,9). *Zweifler-an-aller-Gnade* hatte sich schuldig gemacht, indem er *El-Schaddai* Seiner Ehre beraubte, die Notwendigkeit der Verdienste *Immanuels* leugnete und das Werk des *Höchsten Beraters* verachtete (Röm. 3,28; Eph. 2,8-9).

So wurden der alte Herr und die *Zweifler* zum Tod am Kreuz verurteilt.

20

Unablässig wachen und kämpfen!

Bis jetzt hatte sich die Stadt *Menschenseele* bereits einer Vielzahl von Feinden entledigt, doch folgte noch ein strikter Befehl an Herrn *Wille,* zusammen mit Herrn *Fleiß* alle in der Stadt übrig gebliebenen *Diabolianer* aufzuspüren.

Dazu gehörten die *Diabolianer Torheit, Das-Gute-Aufgeben, Zeit-Vergeuder, Knechtische-Furcht, Lieblos, Misstrauen, Fleischliche-Gesinnung* und *Faulheit*. Des Weiteren waren da noch die Kinder von *Listiger-böser-Zweifler*: *Zweifel, Gesetzliches-Leben, Irrglaube, Falsche-Gedanken-über-Christus, Verheißungsbeschneider, Gefühlsleben* und *Eigenliebe.*

Auf diesen Befehl hin ergriff Herr *Wille* ohne zu zögern Herrn *Torheit* auf der Straße und ließ ihn sofort in der *Unverstands-Gasse* aufhängen. Er schnappte sich auf dem Marktplatz auch noch Herrn *Das-Gute-Aufgeben* und ließ ihn verurteilen. Sein großes, unehrlich erworbenes Vermögen übergab man Herrn *Nachdenken.* Er sollte das Geld zugunsten der Bedürftigen verwalten. Als *Diabolus* die Stadt regiert hatte, hatte *Nachdenken* nicht viel Ansehen besessen, jetzt aber umso mehr.

Danach wurde *Verheißungsbeschneider* gefasst. Er war ein Missetäter, der viele königliche Münzen teils beschnitten, teils umgeprägt oder ganz beiseitegeschafft hatte. Er wurde an einen Schandpfahl gebunden, vor den Augen der Kinder und Dienstboten mit Ruten geschlagen und schlussendlich aufgehängt.

Auch *Fleischliche-Gesinnung* wurde gefangen; aber – ich weiß nicht, wie es kam – es gelang ihm, zu entwischen. Er hatte nicht einmal die Stadt verlassen, sondern hielt sich in den Höhlen der *Diabolianer* versteckt. Wer ihn entdeckte und besiegte, würde täglich an *Immanuels* Tafel speisen dürfen. Doch niemand konnte ihn töten, obwohl er oft gesehen wurde. Herr *Wille* nahm auch *Falsche-Gedanken-über-Christus* gefangen, der im Gefängnis nach kurzer Zeit an der Schwindsucht starb.

Auch *Eigenliebe* wurde ins Gefängnis gebracht; aber weil viele in *Menschenseele* mit ihm befreundet oder gar verwandt waren, wurde sein Todesurteil immer wieder vertagt. Schließlich stand Herr *Selbstverleugnung* auf und sagte: »Wenn man bei solchen Schurken noch beide Augen zudrückt, lege ich mein Amt nieder!«

Dann ließ er ihn ergreifen und ihm den Schädel einschlagen. Etliche in der Stadt murrten zwar darüber; aber niemand wagte es, laut etwas dagegen zu sagen, denn man fürchtete *Immanuel,* der ja in der Stadt war. Als Fürst *Immanuel* hörte, was *Selbst-*

verleugnung getan hatte, erhob Er ihn in den Adelsstand. Auch Herr *Wille* wurde von Ihm für alles, was er für *Menschenseele* getan hatte, gelobt.

Gemeinsam fingen die beiden dann auch noch die *Diabolianer Gefühlsleben* und *Gesetzliches-Leben*. Aber *Unglaube* war ein schlauer Fuchs, der einfach nicht zu schnappen war. Er und noch einige andere *Diabolianer* hatten sich wieder in die Stadt eingeschlichen, wo sie sich in ihren Höhlen versteckt hielten. Sobald sich aber einer von ihnen auf der Straße blicken ließ, ergriff die ganze Stadt die Waffen gegen sie; sogar die Kinder von *Menschenseele* schrien hinter ihnen her, als wollten sie einen Dieb anzeigen (Hebr. 12,4; 1.Tim. 6,12).

Im Übrigen herrschte nun großer Friede in der Stadt. Die Bürger richteten ihren Blick immer mehr auf das herrliche Land, von dem sie so wunderbare Dinge gehört hatten (Phil. 3,20). Dadurch wurde ihr ganzes häusliches und öffentliches Leben so sehr von Ordnung, Fleiß und Treue geprägt, dass man sich nur freuen konnte (Spr. 31).

Jetzt ließ *Immanuel* die Einwohner auf dem Marktplatz zusammenkommen und hielt – nachdem eine heilige Ruhe eingetreten war – folgende Rede an *Menschenseele*:

»Ich habe dich vor anderen auserwählt, nicht weil du es würdig wärest, sondern um Meines Namens willen. Ich habe dich erlöst und alles aus dem Weg geräumt, was dich am Zugang in Mein Reich hindern könnte. Ich habe dich mit Meinem eigenen Blut zum Eigentum erkauft und mit Meinem Vater versöhnt (Kol. 1,20), und Ich werde dich in die Wohnungen Meines Vaters bringen.

Anfangs bin ich mit dem Gesetz zu dir gekommen, danach mit dem Evangelium. Ich habe dich nie verlassen, obwohl du mehrfach gegen Meinen Vater und gegen Mich rebelliert hast. Ich habe deinen Weg mit Dornen umzäunt (Hos. 2,8) und dich gezüchtigt, damit dir deine sündigen Wege verleidet werden. Denn ich wollte dich nicht umkommen lassen, sondern dein Herz unter mein sanftes Joch beugen. Ich habe ein Heer Meines Vaters in deine Stadt gebracht, um deine Feinde niederzuschmettern, dich zu verteidigen und dir den Sieg zu schenken, damit du bereit sein wirst, einst vor Meinem Vater zu erscheinen und Seiner Herrlichkeit teilhaftig zu werden.

Du weißt, dass Ich deine Übertretungen vergeben und dich von deinem verzweifelt bösen Schaden geheilt habe. Ich habe in deiner Stadt *Gottesfurcht* erweckt, um dich wieder zu Mir zurückzuführen, und habe dein *Gewissen*, deinen *Verstand* und *Willen* neu erweckt. Ich habe zum zweiten Mal die *Diabolianer* aus deiner Stadt vertrieben und sie vor dir vertilgt. Und nun bin Ich im Frieden zu dir zurückgekehrt.

Nur noch eine kurze Zeit, und Ich werde diese Stadt *Menschenseele* – erschrick nicht darüber! – abbrechen, sie völlig verwandeln und mit dem Königreich Meines Vaters vereinigen, wo du im Neuen Jerusalem, der herrlichen, geliebten Stadt, als Meine Braut wohnen wirst (Off. 21-22). Die Engel werden dich als geschmückte Braut zu der Hochzeit bringen (Off. 19,7-9; 21,9-11; Ps. 45,10-17). Da wirst du innigste Gemeinschaft haben mit Mir, Meinem Vater und dem *Höchsten Berater*. Daran wirst du dich unaussprechlich freuen (Off. 21).

Da wird es keine Verschwörungen von *Diabolianern* mehr geben. Da wird kein Kummer, kein Seufzen mehr sein, sondern ewige Freude (Jes. 35,10). Da wirst du vielen begegnen, die hier ebenfalls unterdrückt wurden, die Ich auch auserwählt und erlöst habe.

Nun will Ich noch sagen, wie du hier treu bleiben kannst bis in den Tod.

Das weiße Kleid, das Ich dir gegeben habe, das durch Mein Blut wieder gereinigt wurde, sollst du sauber halten. Dann wird die Welt sehen können, dass du Mein Eigentum bist (Mt. 5,14.16). Ich habe dir eine offene Quelle gegeben, in der du dein Kleid allezeit waschen kannst. Wehe dir, wenn du dich nicht schämst, im befleckten Kleid oder gar entblößt einherzugehen! Lass es darum nicht vom Fleisch befleckt bleiben, sondern wasche es immer wieder und halte es fest (Jud. 23; Eph. 5,27; Off. 16,15)!

O *Menschenseele,* Ich war tot, aber Ich lebe auf ewig (Off. 1,18); und weil Ich lebe, sollst auch du leben (Joh. 11,25-26; 14,19). Nichts kann dir schaden, als nur die Sünde, und nichts schmerzt Mich mehr als die Sünde.

Ich lasse dir noch einige *Diabolianer* in der Stadt zurück, um dich wachend und betend zu erhalten, dich zu prüfen, zu demütigen und dich daran zu erinnern, in welch elendem Zustand du warst. Sie sollen dich immer näher zu Meinem Vater treiben und sollen dazu dienen, dass du eifrig dein Flehen zu Ihm emporschickst, immer wachsamer, vorsichtiger und mutiger wirst und in deinen eigenen Augen kleingehalten wirst.

Habe Mich trotz aller Versuchungen lieb, und Ich werde dich trotz aller deiner Gebrechen ebenfalls lieben.

O *Menschenseele,* liebe, nähre und pflege Meine Hauptleute, dass sie nicht schwach, sondern frisch und munter sind; denn wenn sie schwach sind, kannst du nicht stark sein. Gründe dich nicht auf dein Gefühl, deine Gedanken und Vorsätze, sondern allein auf Mein Wort! Es ist der rechte Stab, der Fels und das Schwert, wodurch du Siege davontragen wirst. *›Siehe, Ich komme bald; halte fest, was du hast, damit [dir] niemand deine Krone nehme!‹ (Off. 3,11).«*

John Owen

Was jeder Christ wissen muss

Bestell-Nr.: 875.6618

- 296 Seiten
- Kunstledereinband
- Goldprägung
- 4-farbig
- Leseband

www.voh-shop.de

Wir leben in einer Zeit, in der man es nicht mehr wagt, über Sünde zu reden, da man das Selbstwertgefühl der Menschen nicht verletzen möchte. Manche Christen suchen nach Befreiung; andere dagegen sehen es nicht ein, dass ihre eigene Sünde der Grund ihrer persönlichen Not sein könnte.

John Owen zeigt in seinem Buch sehr klar die Ursachen unseres Versagens in Versuchungen, aber auch wie ein Christ über die Sünde siegen kann. Er macht deutlich, dass der Christ allein durch Gottes Gnade von der Macht der Sünde befreit wird. Diese Befreiung ist die Grundlage dafür, dass der Gläubige ein siegreiches Leben zur Ehre Gottes führen kann.

BUCHEMPFEHLUNG

Niko Derksen (Hrsg.)

Die Kraft des Evangeliums

Bestell-Nr.: 875.309

- 500 Seiten
- Hardcover
- Goldprägung
- 3-farbig
- Lesebänder

www.voh-shop.de

Dieses Buch zeigt die verändernde Kraft des Evangeliums in unserer Errettung, in unserem Leben als Christen, in unserer Familie und Gemeinde und in unserem Dienst im Reich Gottes.

Es enthält 36 Artikel, die in 7 Themenbereiche unterteilt sind. 13 Autoren vom 17. Jh. bis heute kommen hier zu Wort, um dich in deinem Glauben zu stärken und zu ermutigen.

Nimm es, lies es, erfreue dich an diesen kostbaren Wahrheiten, wende sie an und sei ein Zeugnis der verändernden Kraft des Evangeliums in deiner Umgebung!

R.C. Sproul

Gott wohlgefällig leben

Bestell-Nr.: 875.276

- 217 Seiten
- Hardcover
- Leineneinband
- Goldprägung
- 2-farbig
- Leseband

www.voh-shop.de

Manchmal scheint es uns im Leben zwei Schritte vorwärts und einen zurück zu gehen.

Heiligung ist kein alltägliches Wort. Tatsächlich hat es in unserer ich-fokussierten Welt der Sucht nach sofortiger Befriedigung wenig Wert. Doch unabhängig von Trends, Kulturen oder Meinungen bleibt das Geheiligtsein – das Abgesondertsein von der Welt – ein wichtiger Teil unseres Weges mit Christus.

Reich an biblischen Einsichten, bietet dieses Buch einen praktischen Leitfaden für jeden, der sich danach sehnt, ein Leben zu führen, das den Erretter ehrt.